111 Fallstricke beim Hausbau

Klaus Ulbrich

111 Fallstricke beim Hausbau

Grundstückskauf – Finanzierung – Ausführung

FALKEN
Taschenbuch

Im FALKEN Verlag sind zahlreiche Titel zum Thema „Recht und Finanzen" erschienen. Sie sind überall erhältlich, wo es Bücher gibt.

Sie finden uns im Internet: **www.falken.de**

Dieses Buch wurde auf chlorfrei gebleichtem und säurefreiem Papier gedruckt.

Der Text dieses Buches entspricht den Regeln der neuen deutschen Rechtschreibung.

ISBN 3 635 60553 0

Umschlaggestaltung: Zembsch' Werkstatt, München
Titelbild: Bavaria, München/B.P.
Gestaltung: Horst Bachmann
Redaktion: Yvonne Thalheim, Köln
Koordination: Dr. Werner Brand
Herstellung: Harald Kraft
Satz: FALKEN Verlag, Niedernhausen/Ts.
Druck: Freiburger Graphische Betriebe GmbH, Freiburg

817 2635 4453 6271

Inhalt

Vorwort

Herzlichen Glückwunsch – Sie wollen bauen!

Den Entschluss, ein eigenes Haus zu bauen, treffen die meisten Menschen nur einmal im Leben, wobei ihre fehlende Erfahrung häufig zur Folge hat, dass sie Lehrgeld zahlen müssen. Kurzum – sie machen selber Fehler oder werden von versierteren Geschäftspartnern geschröpft.

Der Traum vom eigenen Heim übt bereits in der Planungsphase auf viele Bauherren eine solch magische Wirkung aus, dass Verträge leichtfertig abgeschlossen und jegliches gesunde Misstrauen außer Acht gelassen wird. Dieses fahrlässige Verhalten tritt übrigens genauso bei Menschen auf, die sich sonst vor der Anschaffung auch geringwertiger Güter (zum Beispiel: Kauf eines Tintenstrahldruckers) in mehreren Geschäften ausführlich über die Qualität und den Preis der Ware intensiv oder objektiv informieren, hartnäckig um Rabatte und Nachlässe feilschen und jede Bestimmung im Kaufvertrag penibel unter die Lupe nehmen. Worin liegt der Grund für die Unvorsichtigkeit beim Hausbau?

Mit der Errichtung eines Hauses treten neue, vielschichtige Probleme auf, die die meisten Bauherren zu lösen suchen, indem sie sich vertrauensvoll an Makler, Bauträger und Banken wenden. Angenehm überrascht, dass sie als Kunde überall umworben und beraten werden, verkennen viele Bauherren, dass ihre Gesprächspartner trotz aller Hilfsbereitschaft in erster Linie die eigenen Geschäftsinteressen verfolgen. Grundstücksmakler streben hohe Provisionen an, Bauträger wollen zum Festpreis tunlichst wenig leisten und Banken ihr Geld sicher und hochverzinst verleihen. Von der Regel gegenläufiger Interessen gibt es nirgendwo eine Ausnahme, auch nicht im Fall des freundlichen Filialleiters Ihrer Bank, den Sie seit vielen Jahren gut kennen.

Fundiertes Grundwissen und eine gezielte Vorbereitung sind gute Voraussetzungen, um Reinfälle beim Hausbau nicht nur zu vermeiden, sondern auch, um möglichst viel für sich herauszuholen. Wer ein passendes Baugrundstück unter Wert erwirbt, das Leistungsverzeichnis eines Bauträgers auf dem Verhandlungswege ohne Aufpreis komplettieren kann und mit einer Bank oder Versicherung noch die günstigste Finanzierung vereinbart, kann bis zur Tilgung der letzten Hypothek auf sein Haus fast immer eine fünf- bis sechsstellige Summe einsparen.

Der vorliegende Ratgeber informiert, worauf jeder Bauwillige in der Planungs- und Ausführungsphase achten muss. Insbesondere erhalten Sie Hinweise und Tipps zur Vermeidung von Baumängeln und zur Einsparung von Baukosten, wobei ich besonderen Wert auf eine übersichtliche und leicht verständliche Vermittlungsform gelegt habe.

Natürlich wurde der Inhalt des Buches von mir sowie dem Verlag so sorgfältig wie möglich recherchiert und geprüft. Eine Gewähr für die Richtigkeit der Angaben kann jedoch nicht übernommen werden. Insbesondere mit der Zeit können sich Änderungen ergeben, und selbst Fehler sind nicht mit Sicherheit auszuschließen. Ziehen Sie deshalb immer Experten hinzu, bevor Sie wichtige und kostenträchtige Entscheidungen treffen.

Viel Spaß beim Lesen und Freude beim Bauen wünscht Ihnen

Klaus Ulbrich

Allgemeine Fallstricke

Fehlende Begeisterung

Optimisten glauben, dass ihnen der Erfolg winkt, wenn sie mit Freude und einer positiven Erwartungshaltung an wichtige Vorhaben herangehen. Viele Menschen sind damit imstande, die größten Schwierigkeiten spielend zu bewältigen, vor allen Dingen, wenn sie neben ihrem Optimismus noch über eine gehörige Portion Grundwissen verfügen. Bauwillige sollten zudem die Fähigkeit besitzen, sich in komplizierte Sachverhalte hineinzudenken und sie sollten ein Gespür für mögliche Probleme entwickeln.

Wer aufs Bauen umfassend vorbereitet ist, braucht trotzdem noch eine glückliche Hand für die Bewältigung der Aufgabe und immer wieder gute Ideen für die Bantwortung von Fragen, insbesondere in Fällen, bei denen es mehrere Lösungsmöglichkeiten gibt. Bauwillige, die die Planung und Verwirklichung ihrer Bauvorhaben von vornherein als große Last empfinden, missmutig zu Werke gehen und überall nur Hindernisse und Probleme sehen, greifen erfahrungsgemäß eher fehl. Sie handeln sich schon wegen ihrer emotionalen Ausstrahlung häufiger Scherereien ein als Bauherren, die in ihr Projekt verliebt sind und sich über jedes kleine Detail und Ergebnis aus vollem Herzen freuen.

***FALLSTRICK:* Lustlosigkeit begünstigt Reinfälle beim Hausbau ebenso wie negative Gedanken und Emotionen.**

■ Bauen ist ein kreativer Prozess, der wie jede andere schöpferische Leistung leichter mit Freude und persönlicher Hingabe zu einem guten Ende geführt werden kann. Bauwillige müssen darum in ihrem Vorhaben aufgehen und darin verliebt sein – ebenso wie ein Maler in sein Bild.

Ohne Selbstvertrauen

Unsicher zu sein kann bei vielen Dingen im Leben, so auch beim Hausbau, nachteilige Auswirkungen zur Folge haben, weil Menschen ohne Selbstvertrauen häufiger untätig bleiben oder mehr Fehler begehen als solche, die selbstbewusst agieren. Insbesondere bei Geschäftsverhandlungen sind furchtsame Naturen gegenüber selbstbewussten Charakteren meistens im Nachteil, weil sie heikle Situationen und Konflikte, wie sie beim Umgang mit Handwerkern und Bauträgern auftreten können, lieber vermeiden. Anstatt für ihre eigenen Interessen kämpferisch einzutreten und diese auf dem Verhandlungswege erfolgreich durchzusetzen, würden sie sogar schwere Nachteile in Kauf nehmen.

Selbstsicheres Denken und Handeln bewahrt nämlich jene Bauwilligen, die genau wissen, was sie wollen, und ihre Ansprüche und Rechte kennen vor Schaden, da ihr Auftreten und ihre Ausstrahlung oft allein schon dafür sorgen, dass sie überall mit Achtung behandelt werden. Der letzte Satz enthält ganz wesentliche psychologische Bedingungen für das Wagnis „Hausbau", wonach Bauwillige von den Profis der Branche, den Maklern, Bankern und Bauträgern, respektvoll beraten und bedient werden.

Doch leider haben etliche Menschen keine oder falsche Vorstellungen vom Bauen und gehen fast unvorbereitet an ihre Vorhaben heran. Sie sind häufig unsicher und verraten ihre Unkenntnis und ihr fehlendes Selbstvertrauen mit naiven Fragestellungen, was zur Folge haben kann, dass sie nicht ernst, sondern ausgenommen werden.

***Fallstrick:* Menschen, die kein Selbstvertrauen haben, können beim Hausbau schnell „unter die Räder" kommen.**

■ Entwickeln Sie Selbstvertrauen, indem Sie sich informieren. Das alte Sprichwort „Wissen ist Macht" gilt im Umgang mit Geschäftsleuten beim Hausbau ganz besonders.

Mangel an Zeit

Der Traum vom eigenen Heim übt auf einen Großteil der Bauwilligen eine derart magische Wirkung aus, dass sie die Realisierung überstürzt in Angriff nehmen. Dabei wissen sie im Grunde genommen genau, dass Bauen ein aufwändiges Unterfangen ist, das gründlich geplant sein muss. Einmal vom Baufieber ergriffen, möchten viele Bauwillige, meistens Mieter in scheußlichen Wohnblöcken, ihre sehnsüchtigen Pläne vom eigenen Haus im Grünen schnellstmöglich verwirklichen. Deshalb gehen sie kurzerhand Vereinbarungen und Bindungen in Gestalt von Darlehensaufnahmen sowie Kauf- und Bauverträgen ein – und erleben hinterher ein böses Erwachen.

Außerdem muss damit gerechnet werden, dass Makler und Bauträger unschlüssige Interessenten unter Druck setzen wollen, etwa mit dem Hinweis auf weitere Anfragen nach einem bestimmten Baugrundstück, mit der Ankündigung einer alsbaldigen Festpreiserhöhung oder durch die ungewisse Anspielung auf „bald wegfallende Steuervorteile". Auf diese Weise werden mit einfachen psychologischen Tricks überstürzte Entschlüsse provoziert – allemal zum Nachteil der Bauherren.

***FALLSTRICK:* Dritte empfehlen den Bauwilligen in Erwartung eigener Geschäfte oft schnelles Handeln.**

■ Treffen Sie wichtige Entscheidungen zu Grunderwerb und Hausbau niemals unter Zeitdruck und lassen Sie sich auch von anderen nicht zur Eile treiben.

Vor allem wenn Bauträger mit dem Hinweis auf baldige Festpreiserhöhungen Sie sofort zu einem Vertragsabschluss bewegen wollen, steht oft nur die Absicht dahinter, zu verhindern, dass Sie mehrere Angebote in Ruhe prüfen und miteinander vergleichen. Beim Hausbau gilt vor allem der Grundsatz, dass alle wichtigen Entscheidungen überschlafen werden müssen.

Bequemlichkeit

Der Traum von den eigenen vier Wänden wird nicht von selber wahr. In der Regel sind große Anstrengungen erforderlich, um ein Haus in eigener Regie zu bauen oder bauen zu lassen. Viele Bauherren stellen sich für die Verwirklichung ihres Vorhabens von vornherein auf eine arbeitsreiche Zeit ein, auch wenn die Geldmittel ausreichen, um das Haus erstellen zu lassen. Niemand darf annehmen, dass schlüsselfertiges Bauen ohne Aufwand vonstatten geht und keinen Einsatz verlangt, weil theoretisch nur ein Grundstück gefunden und ein Bauvertrag abgeschlossen werden müsse. Danach würde es ohne eigenes Zutun weitergehen, bis der Neubau steht und bezogen werden kann.

In der Praxis muss zuerst die Hausfinanzierung sichergestellt werden – als Voraussetzung für weitere Schritte. Anschließend folgt meist die Suche nach einem Baugrundstück, die unerwartet langwierig und anstrengend sein kann; unter Umständen sind zähe Kaufpreisverhandlungen mit etlichen Grundeigentümern und zahlreiche Erkundigungen bei Behörden und Versorgern über die Bebaubarkeit und die Erschließung notwendig. Sobald ein Baugrundstück gekauft ist, muss ein geeigneter Bauträger gefunden und verpflichtet werden, und das auf einem kunterbunten Markt mit unzähligen Anbietern und vielen schwarzen Schafen, die mit verlockenden Preisen und undurchsichtigen Verträgen an das Geld der Bauwilligen gelangen wollen. Außerdem kommen noch die vielen unverzichtbaren Neben- und Aufsichtspflichten bei der Baudurchführung hinzu.

***FALLSTRICK:* Bauen ist eine arbeitsreiche Aufgabe – auch wenn die Erstellung von Häusern in Auftrag gegeben wird.**

■ Glauben Sie besser nicht daran, so „ganz nebenbei" ein Haus bauen zu können. Die Errichtung eines Hauses verlangt vom Bauherrn in der Regel vollen Einsatz, insbesondere Fleiß, Ausdauer und gute Nerven.

Geschäftsuntüchtigkeit

Mit der Planung, Finanzierung und Errichtung von Häusern kann innerhalb kurzer Zeit viel Geld verdient werden. Wer sein Haus bauen lässt, hat es oft mit Dienstleistern und Unternehmern zu tun, die auf Gewinnmaximierung bedacht sind. Dies ist auch der Grund, warum viele Bauherren fürchten, von ihren Geschäftspartnern übervorteilt zu werden, und weshalb der Hinweis, dass Bauen ein rein kommerzielles Geschäft ist, hier noch einmal wiederholt werden muss. Grundeigentümer und Grundstücksmakler, Bauträger, Handwerker und Anbieter von Baufinanzierungen, alle wollen sie möglichst hohe Gewinne erzielen – die schwarzen Schafe leider auch unter Anwendung von üblen Machenschaften und raffinierten Tricks.

Der wirtschaftliche Erfolg der Baubranche resultiert zum Teil daraus, dass viele Bauwillige ihre Marktstellung verkennen und meinen, sie seien auf einen der Anbieter angewiesen, obwohl das Gegenteil der Fall ist. Die Geschäfte rund ums Bauen sind von der Nachfrage abhängig – und jeder Bauwillige wird bei den Dienstleistern und Bauunternehmen als „verehrter Kunde" empfangen. Und natürlich kann er auch so auftreten und verhandeln. Unverständlicherweise begeben sich viele Bauwillige aber in die Rolle derer, die froh sind, wenn sie jemanden finden, der ihnen behilflich ist. Aus Dankbarkeit lassen sie sich vertraglich in Bedingungen zwingen, die oft nur anderen Vorteile bringen.

<u>FALLSTRICK:</u> Viele Bauwillige erkennen nicht, dass andere nur auf ihre Kosten hohe Gewinne erzielen wollen.

■ Als Kunde sind Sie bei vielen Dienstleistern und Unternehmen, die davon leben, für Bauherren tätig zu sein, gern gesehen. Die Anbieter auf dem Baumarkt brauchen Ihren Abschluss – und nicht umgekehrt. Deshalb liegt der Vorteil, den es geschäftstüchtig auszunutzen gilt, auf Ihrer Seite.

Fallstricke rund ums Baugrundstück

Auswahl, Lage und Bodenbeschaffenheit

Grundstücksgröße

Die notgedrungene Entscheidung für ein preiswertes Baugrundstück auf dem Lande ist für viele Bauwillige Anlass genug, als Trostpflaster für den Lagenachteil eine größere Fläche zu erwerben, als sie in Wirklichkeit benötigen. Vor allem dann, wenn das ebenfalls infrage kommende kleinere Stadtgrundstück unterm Strich immer noch teurer ist und der Makler seine Interessenten auf diesen Umstand hinweist.

Ein großes Grundstück bietet viele Gestaltungsmöglichkeiten. Man denke nur an die Errichtung eines Grillplatzes mit Blockhütte und Fischteich im Garten, so etwas hat nicht jeder. Selbst gezogene Tomaten schmecken ganz besonders lecker, ebenso wie Äpfel, Birnen und Kartoffeln vom eigenen Grund.

Bevor Sie sich in solche Überlegungen versteigen, müssen Sie auch an die Folgen, insbesondere an die Belastungen denken, die mit dem Erwerb eines großen Grundstückes fortwährend verbunden sind. Sie werden älter und Ihre Einstellung kann sich mit der Zeit ändern; irgendwann lässt auch vielleicht einmal Ihre Gesundheit nach, wodurch Sie beeinträchtigt werden können, sodass Ihnen die körperliche Gartenarbeit immer schwerer fällt.

***FALLSTRICK:* Für größere Grundstücke fallen höhere Abgaben (Steuern, Anliegerbeiträge etc.) an. Außerdem ist der Investitions- und Unterhaltungsaufwand höher. Denken Sie nur an die Einfriedung, die Bepflanzung oder an die Rasenpflege und das Schneeräumen im Winter.**

■ Vom Kauf zu großer Baugrundstücke ist aus finanzieller und praktischer Sicht in der Regel abzuraten. Suchen Sie sich ein „passendes" Grundstück entsprechend Ihren Bedürfnissen. Wer berufstätig ist, muss sich ohnehin fragen, ob er in seiner Freizeit wirklich Gartenarbeit verrichten möchte oder sich auf eine andere Weise erholen will.

Besonderheit von Eckgrundstücken

Ein an zwei aufeinander treffenden Straßen gelegenes Grundstück (Eckgrundstück) hat den Vorteil der besseren Erschließung und bietet somit oft ideale Voraussetzungen für eine gewerbliche Nutzung. Denken Sie nur an einen Gebäudekomplex in der Innenstadt mit einem oder mehreren Geschäften im Erdgeschoss. Durch die beiden Straßen verdoppelt sich die Laufkundschaft.

In reinen Wohngebieten sind Eckgrundstücke weniger gefragt. Die Gründe hierfür liegen auf der Hand:

Der Straßenlärm kommt von zwei Seiten, wodurch die Grundrissplanung des Wohnhauses beeinträchtigt wird, wenn die Schlafräume von den Straßen abgewandt sein sollen.

Die gemeindlichen Satzungen wälzen die Pflichten zur Gehweg- und Straßenreinigung (einschließlich Schneeräumens) auf die Hauseigentümer ab, was bei Eckgrundstücken doppelte Längen und Arbeit zur Folge hat.

Die straßenseitige Grundstückseinfriedung ist in der Regel aufwändiger und teurer als der Maschendrahtzaun auf der Grenze zum Nachbarn. Dadurch wird der Hausbau teurer.

Der größte Nachteil sind die Erschließungskosten für zwei Straßen. Wenngleich die gemeindlichen Satzungen eine Eckgrundstücksvergünstigung vorsehen, fallen unterm Strich höhere Erschließungskosten an.

<u>FALLSTRICK:</u> Wer ein Eckgrundstück erwirbt, um es mit einem Wohnhaus zu bebauen, nimmt erhebliche Nachteile (Kosten und Arbeit) in Kauf.

■ Nach Möglichkeit müssen Sie darauf achten, in einem Baugebiet kein Eckgrundstück zu erwerben. Gegebenenfalls sollten Sie die Nachteile, die Ihnen daraus entstehen könnten bei den Kaufpreisverhandlungen mit anführen. Die Mehrkosten für die Erschließung können Sie bei der zuständigen Gemeindeverwaltung erfragen.

Verkennung der planungsrechtlichen Situation

Wer ein passendes Baugrundstück sucht, möchte sicher ein Haus errichten – und das verständlicherweise seinen Vorstellungen gemäß. Da aber in Deutschland weder überall noch unbeschränkt gebaut werden darf, ist es ratsam, die planungsrechtliche Situation vor dem Grunderwerb zu klären.

In beplanten Bereichen existieren Flächennutzungspläne und, darauf basierend, verbindliche Bebauungspläne, die Art und Maß der baulichen Nutzung von Grundstücken regeln. Flächennutzungs- und Bebauungspläne können bei der örtlichen Gemeindeverwaltung oder der Baugenehmigungsbehörde eingesehen werden. Lassen Sie sich gegebenenfalls die Bedeutung von Planzeichen und die Erläuterungen des Bebauungsplanes von dem zuständigen Beamten erklären.

Im unbeplanten Innenbereich richtet sich die Bebaubarkeit von Grundstücken danach, ob sich Bauvorhaben nach Art und Maß der baulichen Nutzung, der Bauweise und der Grundstücksfläche, die überbaut werden soll, in die Eigenart der näheren Umgebung einfügen. In der Regel ist von keinen Schwierigkeiten auszugehen, wenn die Bauvorhaben sich an der vorhandenen Siedlungsstruktur orientieren.

Im Außenbereich sind Wohngebäude nur ausnahmsweise zulässig. Die baurechtlichen Vorschriften erlauben so genannte privilegierte Vorhaben – zum Beispiel der Land- und Forstwirtschaft – und Erweiterungen und Änderungen, die im Zusammenhang mit bereits vorhandenen Gebäuden stehen.

<u>FALLSTRICK:</u> Die Bebaubarkeit von Grundstücken ist an strenge gesetzliche Vorgaben gebunden und liegt nicht im Ermessen des Bauherrn.

■ Wenn Sie also Zweifel haben, ob ein Grundstück nach Ihren Wünschen bebaut werden darf, sollten Sie sich unmittelbar an die zuständige Baugenehmigungsbehörde wenden und gegebenenfalls eine Bauvoranfrage stellen.

Störende Nachbarbebauung

In neueren Baugebieten treffen Sie aufgrund der Planvorgaben oft ein- und denselben Haustyp an, wodurch ein einheitliches Bild entsteht. Die meisten Grundstücke werden gleichermaßen genutzt, sodass Bauwillige dort vor bösen Überraschungen auf dem Nachbargrundstück ziemlich sicher sein können. Leider bestehen in vielen Städten und Gemeinden noch uralte Bebauungspläne mit sehr großzügigen Festsetzungen – unter anderem was die zulässige Zahl der Vollgeschosse anbelangt.

Dort ist denkbar, dass jemand ein Grundstück erwirbt, auf dem laut Bebauungsplan der Stadt beziehungsweise der Gemeinde eine bis zu dreigeschossige Bauweise zulässig ist, obwohl der zukünftige Bauherr selber nur ein kleines Einfamilienhaus bauen will. In diesem Fall könnte es ihm passieren, dass auf dem unbebauten Nachbargrundstück später einmal eine dreigeschossige Reihenhauszeile entsteht, die sein Hausgrundstück „beschattet" und für alle Zeit entwertet. Das kommt besonders dann zum Tragen, wenn die Grundstücke schmal sind, sodass beide Bauwerke nur mit dem Mindestabstand an der gemeinsamen Grundstücksgrenze quasi nebeneinander stehen. Wer nach solchen Missgeschicken gezielt Ausschau hält, der wird feststellen, dass sie häufiger vorkommen.

***FALLSTRICK:* Auf dem Nachbargrundstück kann unter Umständen auf legale Weise später noch ein Bauwerk entstehen, das das eigene Hausgrundstück im Wert sinken lässt.**

■ Darum genügt es nicht, bei der Gemeinde oder Baugenehmigungsbehörde nachzufragen, ob das eigene Bauvorhaben in einem bestimmten Baugebiet verwirklicht werden kann. Wer ein Baugrundstück erwerben will, muss sich ebenso informieren, was für ein Bauvorhaben auf dem Nachbargrundstück später einmal entstehen könnte. Existiert ein Bebauungsplan, kann die Information daraus abgelesen werden. Liegen die infrage kommenden Baugrundstücke im unbeplanten Innenbereich, richtet sich ihre Bebaubarkeit nach der vorhandenen Bebauung.

Unliebsame Nachbarschaft

Bei der Bauplatzsuche müssen Sie auf das Erscheinungsbild der Nachbargrundstücke Acht geben. Verwilderte Gärten sind ökologisch wertvoll, aber der Samenflug von Kräutern macht an keiner Grenze halt. Wen das stört, der wird sich in Zukunft häufig ärgern. Auch große Bäume, die an der Einfriedung stehen, genießen oftmals Bestandsschutz, weil die Voreigentümer vermutlich versäumt haben, ihre Beseitigung rechtzeitig zu verlangen. Laub und Schattenwurf können zu einem dauernden Zankapfel werden.

Der nachbarliche Frieden steht immer auf dem Spiel, wenn gegensätzliche Ansichten und Interessen von Grundstückseigentümern aufeinander prallen. Lärmende Kinder, kläffende Hunde, muhende Kühe, das Schnattern von Enten und Gänsen, das Quaken von Fröschen im Gartenteich, krähende Hähne, stetiger Bienenflug (Imker), frei laufende Katzen, Gartenabfälle oder Misthaufen an der Grenze nebst Ratten- und Mäusebefall, die Ableitung von Oberflächenwasser und der gemeinsame Zaun sind nur wenige mögliche Streitpunkte mit Nachbarn. Vor allem aber der Grenzabstand von Bäumen und Sträuchern bereitet wie schon erwähnt, häufig Probleme.

***FALLSTRICK:* Baugrundstücke stehen oft im Mittelpunkt von Interessengegensätzen mit den angrenzenden Grundstücken und ihren Eigentümern, die früher oder später das nachbarrechtliche Gemeinschaftsverhältnis stören können.**

■ Aus diesem Grund muss das Augenmerk des Käufers nicht ausschließlich auf das zu erwerbende Grundstück gerichtet sein, sondern den Blick über die Grenze mit beinhalten. Vorteilhaft wäre, wenn das Nachbargrundstück den eigenen Ansprüchen entspricht, denn dann gibt es die wenigsten Probleme. Wenn alle Anrainer obendrein nett und hilfreich sind, bestehen allerbeste Aussichten auf ein gutnachbarliches Gemeinschaftsverhältnis.

Lärmbelästigung durch Spielplätze

Baurechtliche Vorschriften fordern von Städten und Gemeinden die Errichtung von Kinderspielplätzen in Wohnbaugebieten, damit kein Kind auf der Straße spielen muss. Aus diesem Grund werden Spielplätze meistens in unmittelbarer Nähe zu den Baugrundstücken geplant und angelegt.

Der gemeinschaftliche Vorteil von Kinderspielplätzen geht infolge der von ihnen ausgehenden Lärmemissionen zu Lasten der unmittelbaren Anlieger. Geräusche, die spielende Kinder verursachen, können ziemlich laut sein, wodurch das Ruhebedürfnis nicht nur älterer Menschen empfindlich gestört wird. Wer zum Beispiel im Schichtbetrieb einer Firma arbeitet, ist besonders darauf angewiesen, auch tagsüber zu schlafen, was in unmittelbarer Nachbarschaft zu einem Kinderspielplatz problematisch sein kann.

Hobbygärtner ärgern sich, wenn Bälle auf ihr Grundstück fliegen und die Kinder erst den Zaun und dann ihre Salatköpfe heruntertreten, um den Ball zurückzuholen. Oder wenn sie Gemüse ausreißen und Obstbäume an der Grenze „abernten". Daraus erwachsene Streitigkeiten landen häufig vor Gericht.

Manche Spielplätze sind auch als Treffpunkt von Halbstarken beliebt, vor allem in den Abendstunden, wenn die kleinen Kinder zu Hause sind. Lärmende Mofas und Mopeds sind ein Ärgernis vieler Anlieger – ganz zu schweigen von dem Müll, der immer wieder auf die Grundstücke geworfen wird.

***FALLSTRICK:* Baugrundstücke neben Kinderspielplätzen erfordern viel Toleranz und die Hinnahme von Einwirkungen, die anderswo weniger auftreten.**

■ Wenn ein Kinderspielplatz auf dem Nachbargrundstück angelegt sein sollte, können Sie durchaus den Preis herunterhandeln. Bei einer unbebauten Fläche sind die Standorte von Kinderspielplätzen im gemeindlichen Bebauungsplan ausgewiesen.

Wandertourismus am Grundstück

Von Grundstücken, die am Rande von Bebauungsplänen und Ortschaften liegen, ist die Aussicht am schönsten. Der Anblick weitläufiger Felder und bewaldeter Höhenzüge wertet jedes Grundstück auf, was sich oft im Preis niederschlägt. Dieser kann aber unangemessen hoch sein, wenn das Grundstück an einen Wanderweg grenzt. Viele Bebauungspläne sehen als Ausgleichsmaßnahme für die Bodenversiegelung bepflanzte Außensäume vor, an deren Innenseiten zwischen der Bebauung und dem Grüngürtel geschotterte Wander- und Fußwege verlaufen.

Solche Wege werden in der Regel gut angenommen: Spaziergänger machen hier ihre Touren, insbesondere an Wochenenden, gerade wenn Sie in Ihrem Garten ausspannen wollen. Von Erholung kann dann keine Rede mehr sein, wenn Ihre Terrasse unweit der Grundstücksgrenze liegt und leicht einsehbar ist. Selbst die freundlichsten Tagesgrüße von Nachbarn und Bekannten über den Zaun nerven, wenn Sie Ihre Ruhe haben wollen. Außerdem ist es auf Dauer unangenehm, wenn jeder sieht, mit wem Sie im Garten sitzen oder sich unterhalten.

Schließlich benutzen viele Hundebesitzer – nicht nur aus dem Baugebiet – die Wege fürs regelmäßige Ausführen ihrer Vierbeiner. Heerscharen von Hunderüden pinkeln Ihre frisch gepflanzte Zypressenhecke an der Grundstücksgrenze in wenigen Wochen kniehoch braun. Ganz zu schweigen von den vielen braunen „Tretminen“ unmittelbar vor Ihrer Haustür. Sehr einladend!

***FALLSTRICK:* Mit der Ruhe ist es vorbei, wenn das Grundstück an einem stark frequentierten Fuß- oder Wanderweg liegt.**

■ Bei einem neuen Baugebiet sollten Sie anhand des Bebauungsplanes feststellen, ob am Kaufgrundstück ein Wanderweg vorbeiführt. Danach müssen Sie vor Ort ermitteln, ob und welche Emissionen von dem Weg ausgehen (können).

Fehleinschätzung von Lagevorteilen

Richtwert für Grundstückslagen ist in der Regel der Preis, weil besser gelegene Grundstücke mehr kosten als schlechter gelegene.

Im Einzelfall achten viele Bauwillige daneben auf die Infrastruktur – zum Beispiel auf nahe gelegene Einkaufsmöglichkeiten und die Entfernung zu Bahnhöfen, Behörden, Banken und Ärzten. Familien mit Kindern bevorzugen Grundstücke, die in der Nähe von Kindergärten, Schulen, Spielplätzen und Sporteinrichtungen liegen. Naturfreunde suchen nach Grundstücken in der Umgebung von Wäldern, Feldern und Wiesen und die meisten Berufstätigen wollen in der Nähe ihres Arbeitsplatzes bauen und wohnen – sicher um Zeit und Fahrtkosten zu sparen.

Bei der Beurteilung von Grundstückslagen werden Imissionen, denen Grundstücke in bestimmten Lagen ausgesetzt sind, besonders negativ bewertet. Verkehrslärm oder Geruchsbelästigungen machen Baugrundstücke unattraktiv, auch wenn sie Ihnen noch so preisgünstig angeboten werden.

***FALLSTRICK:* An die Grundstückslage werden unterschiedliche Anforderungen gestellt, die sich im Laufe eines Menschenlebens mehrmals ändern können – wenn zum Beispiel die Kinder aus dem Haus gehen, oder mit zunehmendem Alter die Nähe zu Ärzten und Krankenhäusern stärkere Bedeutung erlangt.**

■ Da es keine allgemein gültigen Kriterien für individuell optimale Grundstückslagen gibt, möchte ich Ihnen raten, den Grundstückskauf auf lange Sicht hin zu bedenken, anstatt die – weit tragende – Entscheidung von vorübergehenden Ansichten abhängig zu machen. Ungeachtet dessen ist es immer empfehlenswert, den Wiederverkaufswert eines Baugrundstückes schon beim Erwerb mit zu berücksichtigen, um ohne finanzielle Einbußen wieder umziehen zu können, wenn die Umstände es erfordern.

Verkennung der beitragsrechtlichen Situation

Unerschlossene Grundstücke können scheinbar günstig erworben werden, weil der Eigentümer zu den Erschließungs- und Anschlusskosten, die von vornherein einen höheren Preis gerechtfertigt hätten, später erst veranlagt wird. Gemeint ist die Heranziehung zu Anliegerbeiträgen nach dem Baugesetzbuch des Bundes, den Kommunalabgabengesetzen der Länder und den Beitragssatzungen der Städte und Gemeinden für den Anschluss von Grundstücken ans Straßennetz und die Schmutz- und Regenwasserleitungen. Die Wasser- und Stromversorgung ist ebenfalls mit zur Erschließung von Baugrundstücken zu rechnen.

Im Ergebnis richtet sich der Grundstückswert insbesondere auch danach, ob die Anliegerbeiträge für das Grundstück schon bezahlt worden sind, beziehungsweise welche zusätzlichen Kosten zum Kaufpreis auf den Erwerber später noch zukommen.

Eine mangelnde Vorklärung der beitragsrechtlichen Situation und undeutliche Formulierungen in Grundstückskaufverträgen können schnell zu Rechtsstreitigkeiten führen, wenn der neue Eigentümer anschließend zu Beiträgen herangezogen wird, die seiner Meinung nach im Kaufpreis mit enthalten sein müssten.

***FALLSTRICK:* Erwerber von Baugrundstücken übersehen leicht, dass der Wert des Grundstückes mit davon abhängt, ob Kosten für Hausanschlüsse und Anliegerbeiträge im Kaufpreis enthalten sind oder später zusätzlich anfallen.**

■ Die beitragsrechtliche Situation eines Baugrundstückes überprüfen Sie am besten selber. Zu den Erschließungskosten erteilen Ihnen die Städte und Gemeinden Auskunft – ebenfalls zu Kosten und Beiträgen für den Wasser- und Kanalanschluss. Für Ihre Fragen zu den Anschlusskosten für die Stromversorgung ist das Elektrizitätswerk zuständig. Zu Ihrer späteren Absicherung ist es im Allgemeinen empfehlenswert, von den zuständigen Stellen lediglich schriftliche und verbindliche Auskünfte zu verlangen.

Ungesicherte Erschließung

Grundstücke in Randlagen sind heiß begehrte Immobilien, weil viele Menschen Wald, Felder und Wiesen gern unmittelbar vor ihrer Haustür haben wollen. Problematisch bei solchen Grundstücken ist jedoch, dass die Erschließung oft nicht gesichert ist und sie ohnedem nicht bebaut werden dürfen.

Ein wesentliches Merkmal der Erschließung ist, dass Grundstücke einen Anschluss ans Straßennetz haben, um den Zugang für den Eigentümer und andere Fahrzeuge, unter anderem Ver- und Entsorger sowie Notdienste, zu sichern. Zum Beispiel müssen Feuerwehr und Rettungswagen jederzeit an die einzelnen Häuser gelangen können. Ein Trampelpfad zwischen dicken Bäumen oder eine Fußgängerbrücke über einen Bach hinweg machen dies unmöglich und stellen für Grundstücke, die bebaut werden sollen, keine verkehrliche Erschließung im Sinne der Vorschriften dar.

Leider übersehen viele Bauherren immer wieder die genehmigungsrechtlichen Risiken und Kosten, die mit der Erstellung von Häusern auf abgelegenen Grundstücken verbunden sein können. Der Bau einer Straße von nur fünfzig Metern Länge und die Verlegung von Anschlusskanälen über weite Entfernungen hinweg verursachen immense Kosten, ganz zu schweigen von den Aufwendungen für Sonderanlagen wie Brücken usw.

***FALLSTRICK:* Grundstücke können erst bebaut werden, wenn neben den erforderlichen Leitungen für Wasser und Abwasser auch eine Zufahrt vorhanden ist. Für die verkehrliche Erschließung genügt es nicht, dass Grundstücke zu Fuß erreicht werden können.**

■ Bei der Suche nach entlegenen Baugrundstücken müssen Sie schauen, ob eine Zufahrt zum Grundstück vorhanden ist oder ob diese, möglicherweise auf eigene Kosten, erst noch hergestellt werden muss. Diese Aufwendungen sind bei den Kaufpreisverhandlungen mit zu berücksichtigen.

Problematische Bodenverhältnisse

Viele Bauherren kaufen ohne nähere Prüfung ein Grundstück und stellen später mit Schrecken fest, dass die Bodenverhältnisse problematisch sind. Damit verteuert sich ihr Bauvorhaben und sprengt den Finanzierungsplan.

Böse Überraschungen können zum Beispiel auftreten, wenn auf dem geplanten Standort für das Haus früher der Dorfteich war oder es sich um eine feuchte Senke handelt und der Boden für normale Fundamente nicht hinreichend tragfähig ist.

Auch ein hoher Grundwasserstand kann des Bauherrn Freude trüben. Die erforderliche Betonierung einer Bodenwanne verursacht je nach Kellergröße Zusatzkosten in immenser Höhe.

Hanggrundstücke bergen in aller Regel Unwägbarkeiten, weil gegebenenfalls stärkere Kellerwände aus Beton und weitere Stützmaßnahmen erforderlich sind.

Wenn der Baugrund felsig ist, muss die Baugrube gesprengt werden oder der Bauherr verzichtet auf einen Keller.

Altlasten sind eine weitere drohende Gefahr für Hausbauer. Früher unterhielt jedes Dorf eigene Müllkippen, wohin die Siedlungsabfälle, darunter auch umweltschädliche Materialien, gebracht wurden. Diesen aufgefüllten Flächen sieht man nach dreißig oder fünfzig Jahren nicht mehr an, dass darunter eine Deponie verborgen liegt.

***FALLSTRICK:* Problemreiche Bodenverhältnisse können das Bauvorhaben verteuern oder verhindern.**

■ Erste Hinweise auf die Beschaffenheit von Grundstücken kann Ihnen der Blick in benachbarte Baugruben oder die Befragung von (alten) Einheimischen liefern. Gemeindeverwaltungen erteilen Ihnen Auskünfte zu Altlasten. Die jedoch beste Vorkehrung ist, von einem Bodensachverständigen ein Gutachten über das künftige Baugrundstück erstellen zu lassen. Das ist zwar nicht gerade billig, aber dafür sicher.

Erwerb eines Baugrundstücks

„Schwarzkauf" von Grundstücken

Grundstückskaufverträge müssen von einem Notar beurkundet werden. Das ergibt sich aus dem Bürgerlichen Gesetzbuch. Mündliche Abreden oder Verträge ohne Beurkundung sind unwirksam mit der Folge, dass das Grundbuchamt die gewünschten Rechtsänderungen nicht vornimmt. Wichtig zu wissen ist, dass der ganze Grundstückskaufvertrag der notariellen Beurkundung bedarf und alle Vereinbarungen in den notariellen Vertrag aufgenommen werden müssen, weil sonst der gesamte Vertrag unwirksam ist.

Auf den Kaufpreis muss der Grundstückserwerber 3,5% Grunderwerbssteuer und die Notarkosten und Gebühren für die Grundbucheintragung zahlen. Um hierbei Geld und Steuern einzusparen, wird mitunter zwischen den Vertragspartnern abgesprochen, nur einen Teil des vereinbarten Kaufpreises vom Notar beurkunden zu lassen, während der Restbetrag „schwarz" gezahlt wird.

Ein solcher Kaufvertrag ist so lange unwirksam, bis durch die grundbuchliche Eintragung Heilung eintritt, wenn das Scheingeschäft unerkannt geblieben ist. Bis dahin bestehen erhebliche rechtliche Risiken aufgrund der unwirksamen Vereinbarung für beide Seiten.

<u>FALLSTRICK:</u> (Teilweiser) Schwarzkauf von Grundstücken zur Ersparnis von Grunderwerbssteuer ist gesetzlich unzulässig und strafbar. Der Kaufvertrag ist unwirksam, weil alle Nebenabreden in den notariellen Vertrag aufgenommen werden müssen. Namentlich gehört dazu auch die volle Höhe des vereinbarten Kaufpreises.

■ Rechtschaffene Bauherren ersparen sich von vornherein Risiko und Ärger und schließen zum Zwecke der Steuerverkürzung keine unwirksamen Scheingeschäfte ab.

Unqualifizierte Grundstücksmakler

Wer ein Baugrundstück erwerben möchte, engagiert gegebenenfalls einen Grundstücksmakler, um sich wochenlanges eigenes Suchen im Immobilienteil der Zeitungen und die lästige Lauferei zu Kommunen und Banken zu ersparen. Dieser Weg wird vor allem dann beschritten, wenn das Grundstück nicht am Wohnort benötigt wird und die Lage auf dem Immobilienmarkt vor Ort unbekannt ist. Die ansässigen Makler kennen sich hier gut aus und haben manchmal gleich sogar mehrere passende Angebote auf Lager.

Aber bevor Sie „irgendeinen" Makler mit Provisionsrecht in Höhe von üblicherweise 3 bis 6% des späteren Kaufpreises zuzüglich der gesetzlichen Mehrwertsteuer für sich arbeiten lassen, sollten Sie grundsätzlich überprüfen, an wen Sie sich wenden, denn nicht alle Makler sind seriöse Profis.

***FALLSTRICK:* Immobilienmakler benötigen keinen Qualifikationsnachweis. Zugangsvoraussetzung für die Ausübung der Tätigkeit ist ein Gewerbeschein und jeder, der mit der Vermittlung von Grundstücken, Häusern und Wohnungen Geld verdienen will, kann hierzulande Makler werden. Aus diesem Grund gibt es außer qualifizierten und seriösen Maklern auch unprofessionelle Vermittler und schwarze Schafe, an die Sie geraten können.**

■ Empfehlenswert ist, einen möglichen Geschäftspartner genauer unter die Lupe zu nehmen, bevor Sie mit ihm zusammenarbeiten. Versuchen Sie den Ruf des Maklers bei ortsansässigen Banken und Behörden abzuklären oder fragen Sie den Ring deutscher Makler (RDM), eine Standesorganisation, die Standesregeln erarbeitet und über die Berufsausübung der Makler wacht. Mitgliedschaft in den Berufsorganisationen RDM oder VDM gilt im Allgemeinen als ein erster Hinweis auf Seriosität. Äußerlich zeigen Makler ihre Mitgliedschaft in den Berufsorganisationen mit RDM oder VDM hinter dem Maklernamen.

Maklerverträge

Sie suchen einen Makler auf, um sich von seiner Qualifikation zu überzeugen und wissen bereits, nachdem Sie den letzten Fallstrick gelesen haben, dass er einer Berufsorganisation (RDM oder VDM) angehört, die Standesregeln aufgestellt hat und über die Berufsausübung ihrer Mitglieder wacht. Trotzdem bleiben Sie misstrauisch und wollen vorsichtshalber nur ein unverbindliches Informationsgespräch führen, um auch zu sehen, ob der Makler auf Sie einen sympathischen und zuverlässigen Eindruck macht. Außerdem wollen Sie herausfinden, ob der Makler sich auf die Vermittlung von Grundstücken spezialisiert hat oder der Schwerpunkt seines Wirkens anderswo, zum Beispiel in der Vermakelung von Eigentumswohnungen liegt. Ist dies der Fall, empfiehlt es sich, einen Makler aufzusuchen, der sich auf Objekte spezialisiert hat, die eher Ihrem Wunsch entsprechen. Andernfalls könnte es längere Zeit dauern, bis der Makler für Sie fündig wird.

Ungeachtet Ihrer vorbildlichen Strategie müssen Sie jetzt wieder Acht geben: Beim Maklergespräch ist die Gefahr des plötzlichen Eingehens einer vertraglichen Vereinbarung gegeben.

***FALLSTRICK:* Maklerverträge bedürfen nicht der Schriftform. Sowie Sie dem Makler Ihre Wünsche genannt haben und er Ihnen einen Verkäufer präsentiert, ist ein Vertrag zu Stande gekommen. Maklerverträge können schriftlich und mündlich, aber ebenso gut auch durch schlüssiges Verhalten beider Seiten abgeschlossen werden.**

■ Vor einem überraschenden Vertragsschluss schützen Sie sich am besten dadurch, indem Sie sich vom Makler vorher bescheinigen lassen, dass das folgende Gespräch (mit Datumsangabe) eigens einer anfänglichen Information über seine Geschäftsverbindungen und möglichen Leistungen dient und dass ein eventueller Maklervertrag zwischen den Vertragsparteien aus Gründen der Rechtssicherheit nur schriftlich abgeschlossen werden soll.

Maklerprovisionen

Wenn ein Makler für Sie nach einem geeigneten Baugrundstück sucht, arbeitet er selbstverständlich nicht umsonst. Im Erfolgsfall wird eine Provision fällig, deren Höhe im Maklervertrag vereinbart wird. Üblich sind 3 bis 6% des späteren Kaufpreises zuzüglich der gesetzlichen Mehrwertsteuer, wenn sie im Vertrag erwähnt ist. Andernfalls ist die Maklerprovision eine Bruttogebühr, das heißt, die Mehrwertsteuer ist darin bereits enthalten und nicht noch zusäztlich zu zahlen.

Leider gibt es im Nachhinein um Maklerprovisionen in vielen Fällen Streitigkeiten. Manche Käufer empfinden es als ungerecht, mehrere Tausend Mark dafür hinzublättern, weil der Makler ihnen eben mal „in Sekundenschnelle" ein geeignetes Objekt und Verkäufer genannt hat. Sie sind der Auffassung, dass zu seiner Leistung mehr gehören muss: dass er zum Beispiel auch bei der Vorbereitung des Kaufvertrages mithelfen muss oder eine überhöhte Kaufpreisforderung herunterhandelt, wenn dem Auftraggeber das Feilschen nicht so liegt. Insbesondere auf folgende Feinheit ist zu achten:

***FALLSTRICK:* Makler werden auch als Nachweismakler tätig, was zur Folge hat, dass der Kaufinteressent nur schon für die Kontaktanbahnung bezahlen muss, auch wenn infolgedessen es zu keinem Vertragsabschluss kommt.**

■ In jedem Fall müssen Sie sich den Maklervertrag sorgfältig durchlesen und prüfen, ob die angebotene Leistung des Maklers mit Ihren Vorstellungen übereinstimmt. Vereinbaren Sie genau, in welchem Fall die – übrigens frei aushandelbare – Provision fällig werden soll: Erst wenn der Vertrag geschlossen ist? Oder auch schon wenn eine Vertragsabschlussmöglichkeit nachgewiesen wurde?

Fazit: Wer sich ein Grundstück selber sucht, spart die Maklerprovision und kann womöglich billiger bauen, wenngleich gute Makler ihr Geld wert sind, weil sie erfolgreich arbeiten, und einzelne wichtige Nebenleistungen für den Käufer mit erbringen.

Zwangsversteigerungen

Wenn Sie ein Grundstück besonders preisgünstig erwerben wollen, können Sie zu Zwangsversteigerungen gehen, deren Termine im Anzeigenteil der Tagespresse, in Amtsblättern oder durch Aushang beim Amtsgericht und in der Gemeinde veröffentlicht werden. Mitunter erteilen auch Banken und Sparkassen Auskunft zu Zwangsversteigerungen, insbesondere wenn sie die Versteigerung veranlasst haben und der Wunsch nach einer Vielzahl von Bietern besteht.

Da die Formalitäten und Abläufe bei einer Zwangsversteigerung nicht jedermann geläufig sind, kann es passieren, dass ein Bieter in Schwierigkeiten gerät. Zum Beispiel, wenn er sich kein Gebotslimit gesetzt hat oder über keine Strategie verfügt.

Der elementarste Fehler wäre allerdings, zur Zwangsversteigerung anstehende Grundstücke vorher nicht zu taxieren und blindlings den bei Gericht einsehbaren Gutachten zu vertrauen. Gutachten sind nur so gut wie ihre Verfasser, die der Auftraggeber bezahlt, was nicht heißen soll, dass im Interesse des Veranlassers einer Zwangsversteigerung manipuliert wird. Allerdings ist ein hoch liegender Verkehrswert die allerbeste Grundlage, um ein auskömmliches Ergebnis für den Betreiber einer Zwangsversteigerung mit Mindestgebotsgrenzen (7/10-Grenze und 5/10-Grenze) zu erzielen.

***FALLSTRICK:* Bei einer Zwangsversteigerung sind bestimmte Formalitäten einzuhalten, die es zu beachten gilt. Außerdem stellt sich die Frage, ob der Schätzwert von Grundstücken und Häusern in jedem Fall marktgerecht ist.**

■ Das Amtsgericht beschäftigt für Versteigerungen zuständige Rechtspfleger, die Sie nach den Formalitäten und dem Ablauf von Zwangsversteigerungen fragen können. Praktische Erfahrungen mit Versteigerungen können Sie jederzeit als Zuschauer erwerben. In jedem Fall ratsam ist die vorherige Prüfung des Objekts von einem Fachmann zur eigenen Beurteilung des Verkehrswertes.

Vorkaufsrechte

Alle Bemühungen um ein Baugrundstück können vergebens sein, wenn ein Vorkaufsrecht besteht, das dem Begünstigten das Recht einräumt, in einen zwischen den Vertragsparteien ausgehandelten Vertrag durch einseitige Erklärung einzusteigen. In dem Fall wird der Käufer vom Inhaber des Vorkaufsrechts verdrängt und kann allenfalls noch Schadensersatzansprüche gegen den Verkäufer geltend machen.

Bei privatrechtlichen Vorkaufsrechten wird zwischen dem schuldrechtlich eingeräumten Vorkaufsrecht und dem dinglichen Vorkaufsrecht unterschieden.

Bei dem schuldrechtlich eingeräumten Vorkaufsrecht aufgrund eines schlichten Vertrages kann der Begünstigte intervenieren, so lange der Käufer im Grundbuch nicht als neuer Eigentümer des Grundstücks eingetragen ist. Danach ist sein Anspruch erloschen.

Das dingliche Vorkaufsrecht belastet das Grundstück selber und ist in der Abteilung II des Grundbuches für alle Vertragsbeteiligten sichtbar vermerkt. Die Umschreibung kann dieses Vorkaufsrecht nicht außer Kraft setzen.

Außer privatrechtlich eingeräumten Vorkaufsrechten können auch gesetzliche Vorkaufsrechte der Gemeinden den Erwerb von Grundstücken scheitern lassen, wenn für den Bereich ein Bebauungsplan existiert und die Grundstücksnutzung für öffentliche Zwecke (Straßenbau, Kinderspielplatz) vorgesehen ist.

***FALLSTRICK:* Der Erwerb eines Baugrundstücks kann auch an der Ausübung von privatrechtlichen oder gemeindlichen Vorkaufsrechten scheitern.**

■ Darum ist es ratsam für Sie, sich das Nichtbestehen eines privatrechtlichen Vorkaufsrechts im notariellen Grundstückskaufvertrag bestätigen zu lassen und auf rasche Eintragung im Grundbuch zu dringen. Die Ausübung des gesetzlichen Vorkaufsrechts kann vor den Verwaltungsgerichten angefochten werden.

Grundbucheintragungen

Die Eigentumsverhältnisse eines Grundstückes können Sie dem Grundbuch entnehmen, einem öffentlichen Register, das jedermann einsehen darf, der dafür ein berechtigtes Interesse (zum Beispiel eine Kaufabsicht) nachweist. Die Grundbücher werden bei den Grundbuchämtern geführt.

In Abteilung I des Grundbuchblattes können Sie anhand der letzten Eintragung den Eigentümer einer als Kaufobjekt infrage kommenden Immobilie feststellen. Die genaue Kenntnis der Eigentumsverhältnisse schützt Sie vor Verhandlungen mit Nichteigentümern und unautorisierten Personen. Beispielsweise ist es durchaus schon vorgekommen, dass Verhandlungen über die Veräußerung eines Grundstückes eigenmächtig von Dritten geführt wurden und die Eigentümer hinterher nicht verkaufen wollten.

In Abteilung II des Grundbuches sind Rechte und Belastungen (zum Beispiel Wege- und Leistungsrechte) sowie Widersprüche und Vormerkungen (insbesondere Auflassungsvormerkungen) enthalten, also Rechtspositionen Dritter, die den Erwerber belasten und den Wert eines Grundstückes mithin auch mindern.

Abteilung III des Grundbuches verzeichnet die Grundpfandrechte (zum Beispiel Hypotheken, Grund- und Rentenschulden). Wenn diese Eintragungen vor der Umschreibung nicht gelöscht werden, muss eine Anrechnung auf den Kaufpreis erfolgen, wenn die Belastungen vom Erwerber übernommen werden sollen.

***FALLSTRICK:* Grundstücksverhandlungen sind zum Scheitern verurteilt, wenn die Vertragsparteien über die Eintragungen im Grundbuch nicht hinreichend informiert sind.**

■ Grundstückskäufer müssen sich vor der Aufnahme von Verhandlungen durch Einsichtnahme ins Grundbuch Kenntnis über die Eigentumsverhältnisse, auf dem Grundstück lastende Grundpfandrechte und belastende Rechtspositionen Dritter verschaffen.

Grundstücksteilung (Genehmigungspflicht)

In bebauten Wohnlagen sind freie Grundstücke erst wieder zu erwerben, wenn Altbauten abgerissen werden oder sich eine Möglichkeit ergibt, die Teilfläche eines größeren bebauten Grundstückes zu erwerben, um auf der abgeteilten Fläche ein zweites Haus zu errichten. Manchmal geben ältere Leute gern ein Stück von ihrem großen Grundstück ab, wenn die Bewirtschaftung zu mühsam geworden ist.

Bei der Teilung von Grundstücken ist zu beachten, dass der Vorgang genehmigungspflichtig ist. Die Teilungsgenehmigung wird von der Gemeinde versagt, wenn die Teilung oder die damit bezweckte Nutzung den Festsetzungen eines vorhandenen Bebauungsplanes widerspricht oder im unbeplanten Innenbereich sich die mit der Teilung beabsichtigte Nutzung nicht in die Umgebung einfügen würde.

Die Teilung von Grundstücken kann zudem problematisch werden, wenn dadurch ein Hinterliegergrundstück entsteht, das über ein anderes Grundstück ans Straßennetz und an die Hauptleitungen der Ver- und Entsorgung angeschlossen werden muss. Ohne grundbuchliche Absicherung von Wege- und Leitungsrechten ist ein Hinterliegergrundstück nicht bebaubar, wodurch dem Erwerber zusätzliche Kosten entstehen, die bei den Aufwendungen für den Grunderwerb in Abzug gebracht werden sollten, was häufig vergessen wird.

<u>FALLSTRICK:</u> Die Teilung von Grundstücken bedarf der behördlichen Genehmigung und wird versagt, wenn gemeindliche Planungen der beabsichtigten Nutzung entgegenstehen. Außerdem können Schwierigkeiten bei der Erschließung auftreten.

■ Von daher ist es empfehlenswert, die Erfolgsaussichten für eine Teilungsgenehmigung in der Gemeindeverwaltung rechtzeitig abzuklären und die Erschließung des Grundstückes vor dem Abschluss eines Kaufvertrages mit zu berücksichtigen.

Nachteiliger Kaufvertrag

Die rechtliche Regelung des Grundstückskaufvertrages findet sich im Bürgerlichen Gesetzbuch. § 313 BGB schreibt vor, dass Grundstücksgeschäfte von einem Notar beurkundet werden müssen. Für die Formstrenge der Grundstücksverträge gibt es einen guten Grund: Rechtssicherheit bei Geschäften mit Grundstücken durch die Mitwirkung eines unabhängigen und unparteiischen Rechtskundigen, der dazu verpflichtet ist, den schwächeren Vertragspartner vor Nachteilen zu schützen, indem er ihn umfassend aufklärt – zum Beispiel über eventuelle Rechte Dritter an dem Grundstück – was im Grundbuch steht. Verletzt der Notar seine Aufklärungspflicht, kann er vom Käufer bis zu 30 Jahre nach der Beurkundung auf Schadenersatz verklagt werden.

Neben einer unzureichenden Aufklärung durch den Notar können nachträgliche Streitigkeiten bei Grundstückskaufverträgen unter anderem daraus erwachsen, wenn ein Vertragspartner es beim Beurkundungstermin versäumt hat, den Notar genauer nach Einzelheiten des Vertrages zu befragen, oder wenn beide Vertragsparteien trotz der notariellen Belehrung über mögliche Gefahren auf einer sofortigen Beurkundung des Vertrages bestehen.

Leider lesen manche Notare ihre Standardverträge in einer so schnellen Geschwindigkeit vor, dass die Parteien kaum folgen können. Wahrscheinlich ist der Verfasser deswegen einmal Zeuge eines Fehlkaufes geworden. Der Käufer hatte seinen Irrtum wenige Sekunden nach der Beurkundung durch den Notar – zu spät – bemerkt.

***FALLSTRICK:* Wer beim Beurkundungstermin vor dem Notar nicht aufpasst oder seine Änderungswünsche nicht aufnehmen lässt, ist später unweigerlich an den unterschriebenen und beurkundeten Vertragstext gebunden.**

■ Der Käufer klärt am besten vorher alle Einzelheiten des Vertrages mit dem Notar und fordert ihn auf, dass er das Grundbuch einsieht, vor allem, wenn der Verkäufer darauf verzichten will.

Zweifelhafte Vertragsklauseln

In den Grundstückskaufvertrag wird zunächst einmal der Kaufgegenstand und seine Größe, Lage und Beschaffenheit nach dem Grundbuchinhalt aufgenommen. Wenn das zu erwerbende Grundstück noch nicht vermessen ist, wird eine Skizze angefertigt, die dem Kaufvertrag beigefügt wird. Des Weiteren muss der Kaufpreis feststehen und geregelt sein, wann und wie er fällig wird. Außerdem treffen die Parteien in der Regel Abreden zur Finanzierung und bestimmen, wer welche Erschließungs- und Anliegergebühren übernimmt.

Einige „übliche" Klauseln im Grundstückskaufvertrag können insbesondere für den Käufer problematisch werden. Wenn zum Beispiel „Bauland oder Bauerwartungsland" erworben werden soll, muss der Käufer wissen, dass die Begriffswahl nicht garantiert, dass das Grundstück für die Bebauung geeignet ist.

Eine weitere gebräuchliche Vertragsbestimmung kann einen Ausschluss der Gewährleistung für die Größe und Beschaffenheit des Grundstücks vorsehen, weil der Verkäufer keinesfalls für die Bodenqualität etc. geradestehen will.

Obwohl der Verkäufer in der Regel sein Grundstück lastenfrei zu übergeben hat, kann es vorkommen, dass der Vertrag eine Regelung enthält, wonach die Lasten übernommen werden sollen.

***FALLSTRICK:* Ein Grundstückskaufvertrag kann Bestimmungen und missverständliche Formulierungen enthalten, die mit den vom Käufer an den Kaufgegenstand geknüpften Erwartungen nicht im Einklang stehen.**

■ Um Unklarheiten im Vertragstext sicherheitshalber mit einem Experten vor der Unterschriftsleistung abklären zu können, rate ich Ihnen, den Vertragsentwurf vorher beim Notar anzufordern. Bei Zweifeln über die Bebaubarkeit des Grundstückes können Sie ein Rücktrittsrecht vereinbaren – und natürlich müssen alle übernommenen Lasten auf den Kaufpreis angerechnet werden.

Auflassung ohne Vormerkung

Auf den Kaufvertrag, das so genannte Verpflichtungsgeschäft zwischen den Vertragsparteien, folgt das Verfügungsgeschäft, das unmittelbar auf die Veräußerung des Grundstückes gerichtet ist. Das Verfügungsgeschäft beginnt mit der Einigung über den Eigentumsübergang (Auflassung). Hierbei müssen alle am Rechtsgeschäft beteiligten Personen vor dem Notar anwesend sein. In der Regel ist es so, dass Kaufvertrag und Auflassung miteinander notariell beurkundet werden.

Mit dem Abschluss des Kaufvertrages und der Auflassung wird jedoch noch kein Eigentum am Grundstück erworben, sondern erst zu dem Zeitpunkt, wenn die Eintragung ins Grundbuch erfolgt ist.

***FALLSTRICK:* Zwischen Abschluss des Kaufvertrages und der Eintragung ins Grundbuch vergehen oftmals mehrere Monate. In der Zwischenzeit kann der Verkäufer es sich anders überlegen und das Grundstück – zu einem höheren Preis – an einen Dritten veräußern. Oder einem Nachbarn aus alter Verbundenheit vor dem Eigentumsübergang noch schnell eine Dienstbarkeit einräumen. Auch kann es sein, dass der Verkäufer in der Zwischenzeit in Konkurs fällt.**

■ Zur Absicherung, dass der Käufer auch das Grundstück bekommt, über dessen Eigentumsübergang mittels Kaufvertrag und Auflassung Einigung erzielt worden ist, empfiehlt sich die Vereinbarung einer **Auflassungsvormerkung,** die zu Gunsten des Käufers in Abteilung II des Grundbuches eingetragen wird. Die Eintragung der Auflassungsvormerkung ins Grundbuch erfolgt zumeist innerhalb von 1 bis 2 Wochen nach Abschluss des notariellen Kaufvertrages. Mit der Auflassungsvormerkung ist der Käufer hinsichtlich der Übereignung des Grundstückes abgesichert, auch für den Fall, dass der Verkäufer in Konkurs geht. Der Verkäufer kann selbst dann nicht mehr von seiner Zusage zurück, wenn ein anderer Interessent nach Abschluss des Notarvertrages für das Grundstück mehr bietet.

Überhöhter Grundstückspreis

Während der Anbieter eines Baugrundstückes einen guten Preis erzielen möchte, ist der Käufer daran interessiert, seine Kosten für den Grunderwerb so gering wie möglich zu halten. In der Regel ist der Verkäufer dem Interessenten gegenüber im Vorteil, weil er die örtlichen Gegeben- und Besonderheiten besser kennt, während insbesondere auswärtige Käufer mit ziemlicher Gewissheit nur allgemeine Vorstellungen über die regionalen Preisschwankungen nach Angebot und Nachfrage von Grundstücken haben.

***FALLSTRICK:* Grundstücke werden oft überzahlt, wenn Käufer über örtliche Gegebenheiten und Richtwerte nicht vollständig im Bilde sind.**

■ Unabhängige Gutachterausschüsse ermitteln Jahr für Jahr die durchschnittlichen Grundstückswerte für Bauland in der gesamten Bundesrepublik und verzeichnen die Ergebnisse in einer Bodenrichtwertkarte. Bei den Geschäftsstellen der Gutachterausschüsse oder der örtlichen Gemeindeverwaltung besteht die Möglichkeit der Einsichtnahme und Ermittlung des amtlichen Richtwertes für Baugrundstücke.

Über Angebot und Nachfrage kann der freundliche Gemeindebeamte unter Umständen ebenfalls Auskunft erteilen, weil Grundstückskäufe und Grundstücksteilungen bei der Gemeinde wegen der Entscheidung über die Ausübung des gemeindlichen Vorkaufsrechts bekannt sind. Jede Stadt oder Gemeinde weiß infolgedessen ziemlich genau, welche Nachfrage in den Baugebieten und Lagen innerhalb des Gemeindegebietes vorherrscht und was für Preise gehandelt werden.

Darum gilt: Bevor mit dem Verkäufer über den Erwerb eines Baugrundstückes verhandelt wird, ist es ratsam, den amtlichen Bodenrichtwert zu ermitteln und die Nachfrage in der jeweiligen Lage zu kennen. Diese Informationen sind unter Umständen überzeugende Argumente, um den Preis zu drücken. Wer auf Nummer sicher gehen will, lässt ein Verkehrswertgutachten erstellen.

Grunderwerbsnebenkosten

Zusätzlich zum Kaufpreis nach dem notariellen Kaufvertrag muss der Erwerber eines Grundstückes weitere Nebenkosten einkalkulieren. Unter Umständen werden Maklergebühren von 2 bis 5% des Kaufpreises zuzüglich der gesetzlichen Mehrwertsteuer fällig und in jedem Fall eine 3,5%ige Grunderwerbssteuer. Etwa 1,5% machen die Gebühren für Grundbuchamt und Notar aus. Ist das Grundstück nicht vermessen, trägt der Erwerber die Vermessungskosten in Höhe von ca. 0,3% des Kaufpreises. Hinzukommen können Kosten für die Erstellung eines Bodengutachtens und Gebühren für eine Bauvoranfrage.

Um ein Grundstück baureif zu machen, ist es zuweilen außerdem notwendig, auf eigene Rechnung noch Bäume, Steine und sonstigen Unrat zu beseitigen.

Die Grunderwerbsnebenkosten bleiben bei den Kaufverhandlungen meistens unberücksichtigt, weil der Erwerber und der Veräußerer hauptsächlich nur über den Grundstückspreis verhandeln. Bei erreichbaren 10% vom Kaufpreis können jedoch die Nebenkosten spürbar ins Geld gehen, insbesondere in besseren Lagen und bei größeren Grundstücken, für die an vielen Orten schon eine sechsstellige Summe ausgegeben werden muss.

***FALLSTRICK:* Der bei Kaufverhandlungen maßgebliche Grundstückspreis stellt nur eine Teilsumme der Gesamtkosten für den Grunderwerb dar; außerdem müssen die Erschließungs- und Nebenkosten einschließlich aller Aufwendungen für die Baureifmachung der Fläche berücksichtigt werden.**

■ Neben den Anliegerbeiträgen und den Kosten der Hausanschlüsse muss auch die Höhe der Grunderwerbsnebenkosten berücksichtigt werden, um die Gesamtkosten des Baugrundstückes für die Baufinanzierung veranschlagen zu können. Dazu fertigen Sie sich am besten eine Liste mit allen infrage kommenden Positionen an und ermitteln oder schätzen die Kosten so genau es geht.

Koppelungsgeschäfte von Kreditinstituten

Fast alle Kreditinstitute haben Immobilienabteilungen und makeln mit Grundstücken und Häusern. Um das Kreditgeschäft zu beleben, gründen Banken und Sparkassen eigene Gesellschaften, die Baugebiete aufkaufen, erschließen und parzellieren, um danach die Einzelgrundstücke an Bauwillige wieder zu veräußern. Denn im Gegensatz zu freien Maklern, die bei der Vermittlung von Baugrundstücken an der Provision verdienen, versprechen sich die Kreditinstitute daneben in erster Linie ein lukratives Geschäft aus dem Verkauf von Finanzierungen.

Der Interessent an einem Baugrundstück, das von einem Kreditinstitut verkauft wird, muss immer damit rechnen, dass die Bank ihm sogleich die Finanzierung seines Vorhabens anbietet und mitunter sogar aufdrängt. Denkbar ist auch, dass der Verkauf an die Finanzierung von Haus und Grundstück gekoppelt wird.

Viele Kreditinstitute bieten Bauherren Komplettlösungen an: vom Grunderwerb über die Finanzierung bis zur Versicherung des Neubaus. Dienstleistung aus einer Hand, die auf die Bequemlichkeit des Kunden abzielt. In jedem Falle aber auch auf seine Geldbörse.

***FALLSTRICK:* Bauwillige, die ihr Baugrundstück über ein Kreditinstitut beziehen, vereinbaren mit derselben Sparkasse oder Bank eher die Finanzierung des Vorhabens, und lassen dabei preiswertere Kreditangebote außer Acht.**

■ Die Kopplung von Grunderwerb/Hausbau mit der Finanzierung von Vorhaben aus einer Hand kann nachteilhaft sein, weil sie unter Aufhebung des Wettbewerbs stattfindet. Mit dem freundlichen Hinweis, das Konkurrenzprinzip der Marktwirtschaft nutzen zu wollen, schaffen Sie von vornherein Klarheit über den getrennten Weg von Kauf und Finanzierung. Betrachten Sie das Kreditinstitut von vornherein als einen von vielen Anbietern und suchen Sie sich das günstigste Angebot aus.

Koppelungsgeschäfte von Bauträgern

Weitsichtige Bauträger legen sich beizeiten schon einen größeren Bestand an unbebauten Grundstücken zu, die bei steigender Nachfrage gezielt nur zu Bauzwecken wieder veräußert werden und die Käufer an den Bauträger binden. Einzelne Bauträger erwerben sogar ganze Baugebiete und vereinbaren mit der Stadt oder Gemeinde, für diese die Erschließung eigenständig durchzuführen und die Erschließungskosten über den Grundstückspreis auf die Erwerber umzulegen.

Wer ein Baugrundstück aus dem Bestand eines Bauträgers kaufen möchte, spart meistens viel Zeit und kann in bevorzugter Lage bauen, wo von privater Hand schon lange kein Baugrundstück mehr zu bekommen wäre. Wiederum über den Grundstückspreis lässt der Bauträger sich alle Aufwendungen, die er in der Zwischenzeit hatte, vom Käufer erstatten, wodurch Grundstücke vom Bauträger unterm Strich oft teurer sind als von der Gemeinde oder aus privater Hand.

Ein weiterer Nachteil folgt aus der Bindung an den Bauträger. Während Bauwillige meistens viele Angebote einholen, um einen günstigen Festpreis für ihr Eigenheim zu erzielen, führt die Bindung des Grundstückes an einen Bauträger dazu, dass ein Wettbewerb nicht stattfindet, weil dessen Listenpreise für den Hausbau beim Grunderwerb indirekt Geltung erlangen. Bei Ausschreibungen von Häusern zum Festpreis beträgt der Preisunterschied zwischen dem günstigsten und dem teuersten Anbieter manchmal bis zu 20%.

***FALLSTRICK:* Grundstücke vom Bauträger sind meistens teurer als von der Gemeinde oder aus privater Hand. Aufgrund der Bauträgerbindung steigen die Baukosten für das Haus mangels der Möglichkeit, konkurrierende Angebote einzuholen.**

■ Aus Kostengesichtspunkten ist es allemal günstiger, sich unmittelbar und selber ein Baugrundstück zu suchen und keine Bauträgerbindung einzugehen.

Grundstücks(nach)vermessung

Ein Baugrundstück, das schon vermessen ist und dessen Grenzen feststehen, ist vorteilhaft. Vor allem, wenn auf einem unerschlossenen Areal viele kleine Einzelparzellen bebaut werden sollen. Der Bauherr kann sich über die Größe und Lage jedes Grundstückes genau informieren und anhand von Lageplänen bei der Katasterverwaltung feststellen, wo die Grundstücksgrenzen liegen. Die Katasterblätter geben ferner Auskunft über die Eigentumsverhältnisse im Falle einer vorhandenen Grenzbebauung oder zu Fragen der Erschließung, wenn anhand der örtlichen Situation beispielsweise nicht genau festgestellt werden kann, ob das auserwählte Grundstück unmittelbar an eine öffentliche Straße grenzt oder beispielsweise ein schmaler Streifen dazwischen liegt, der für die erforderliche Zufahrt zusätzlich erworben werden muss.

Beim Verkauf eines Grundstückes erhöhen die Vermessungskosten den Preis und werden gewöhnlich an den Käufer weitergegeben. Meist erst nach der Umschreibung im Grundbuch stellt der Käufer fest, dass eine oder mehrere Grenzmarkierungen vor Ort nicht auffindbar sind. Im Zuge der Bautätigkeit im Baugebiet, vor allem beim Straßenbau, kommt es öfter vor, dass Grenzsteine unbemerkt weggeschoben oder überdeckt werden. Den Schuldigen zu ermitteln gelingt selten, sodass die Kosten für die Nacheinmessung vom Geschädigten getragen werden müssen.

***FALLSTRICK:* Wer vor dem Erwerb eines vermessenen Grundstückes vor Ort nicht das Vorhandensein der Grenzmarkierungen feststellt und hinterher überwacht, muss gegebenenfalls die Kosten einer Nacheinmessung fehlender Grenzsteine selber tragen.**

■ Darum ist es ratsam, vor dem Erwerb eines vermessenen Grundstückes die Grenzsteine aufzusuchen und gegebenenfalls wegen fehlender Markierungen den Kaufpreis zu mindern. Behalten Sie Ihre Grenzsteine besonders im Auge, wenn auf dem Nachbargrundstück der Mutterboden abgeschoben wird.

Erbbaurecht

Für Leute, die kein Grundstück erwerben möchten und trotzdem bauen wollen, bietet sich das Erbbaurecht an. Nach einer Einstandszahlung und für einen Erbbauzins, der im Erbbaurechtsvertrag pro Jahr und Quadratmeter Grundstücksfläche vereinbart wird, kann ein Grundstück in der Regel für eine Zeitdauer von 99 Jahren vom Käufer so genutzt werden, als wäre es sein Eigentum. Nach Ablauf dieser Zeit erhält der Eigentümer für sein Haus auf dem Erbbaugrundstück eine angemessene Entschädigung, wenn kein neuer Erbbaurechtsvertrag abgeschlossen wird.

Beim Erbbaurecht besteht der Vorteil für den Bauherrn darin, dass er weniger Eigenkapital aufwenden muss, als wenn er das Grundstück erwirbt. Für den Erbbaurechtsgeber steht der Gedanke im Vordergrund, das Grundstück behalten zu wollen. Pachteinnahmen sind für ihn auf jeden Fall ein sicheres Einkommen, wenn die Höhe des Erbbauzinses an die Inflationsrate gekoppelt wird.

***FALLSTRICK:* Verglichen mit der Finanzierung bei einem Kaufgrundstück, kann ein Bauherr auf einem Erbbaurechtsgrundstück nicht „schuldenfreier" Eigentümer desselben werden, obwohl während der Pachtdauer das mehrfache Geld vom Verkehrswert des Grundstückes an den Erbbaurechtsgeber gezahlt wird. Zudem sind Häuser auf Erbbaurechtsgrundstücken schwerer zu veräußern.**

■ Die Besonderheiten des Einzelfalles entscheiden, ob das Erbbaurecht als Alternative zum Grundstückskauf in Betracht kommt. Die Vergleichsberechnung zwischen dem Aufwand der Fremdfinanzierung eines Grundstückes bis zum Zeitpunkt der endgültigen Bezahlung wird im Verhältnis zu der Einstandszahlung und den Erbbauzinsen in vielen Fällen ergeben, dass der Grundstückskauf bereits mittelfristig unterm Strich viel günstiger ist. Ausnahme: Der Bauherr bekommt das Grundstück ohne Einstandszahlung zinsgünstig von einer Kommune oder der Kirche.

Fallstricke bei der Baufinanzierung

Die Darlehehnsgeber

Verfolgung von Eigeninteressen

Baufinanzierungen sind schwierig und für Ungeübte ist es nicht einfach, selber ein maßgeschneidertes Konzept zu finden. Darum wenden sich viele Bauwillige unvorbereitet und gutgläubig an Kreditvermittler oder Banken, wo sie als neue Kunden zuvorkommend beraten werden (von echten Verhandlungen kann leider nur selten die Rede sein). Dies ist, um es vorwegzunehmen, der unprofessionellste Weg, um an eine günstige Finanzierung zu gelangen. Denn alle Vermittler oder Berater, selbst die freundlichen Fillialleiter der Hausbanken, verfolgen mit ihren Angeboten in erster Linie eigene Ziele: Kreditvermittler leben von Provisionen und Banken müssen die Geldeinlagen ihrer Sparer sicher und hochverzinst verleihen. Insbesondere im Kreditgeschäft ist das Vorkommen gegenläufiger Interessen besonders stark ausgeprägt.

<u>FALLSTRICK:</u> Vermittler, Banken und Sparkassen haben sich auf das Gebiet der Baufinanzierung spezialisiert und ein gesundes Interesse daran, gut zahlende Abnehmer für die Einlagen ihrer Sparer zu finden.

■ Jeder, der professionell Geld verleiht, braucht Ihren Abschluss. Der Kreditmarkt unterliegt den Bedingungen des Wettbewerbs und jeder Anbieter ist auf die Nachfrage von Baukrediten angewiesen. Die Frage ist nur, wie einfach Sie ihm den Abschluss machen. Die Erfahrung zeigt, dass Finanzierungen beim erstbesten Kreditgeber teurer werden, als wenn das Angebot aus einem Wettbewerb hervorgegangen ist. Geldverleiher, die mit Kleinanzeigen und dubiosen Versprechungen werben, sollten Sie von vornherein meiden. Vorsicht geboten ist auch vor den Dienstleistungen von Vermittlern oder Finanzierungsbetreuern, weil sich unter dieser Berufsgruppe neben seriösen Anbietern viele schwarze Schafe tummeln.

Finanzierungsberater

Nicht alle Bauwilligen können ihre Finanzierung in die eigenen Hände nehmen; denn viele Baufinanzierungen gestalten sich äußerst schwierig: Bei einer Vielzahl von Angeboten verschiedener Geldgeber, wechselhaften Steuergesetzen und verschiedenen Fördermodellen ist es für Ungeübte nicht gerade einfach, für sich aus alledem die günstigste Finanzierung zusammenzustellen. Aufgrund dessen wenden sich viele Bauwillige, die Angst haben, eine Fördermöglichkeit übersehen zu können, oder befürchten, bei der Kreditaufnahme übervorteilt zu werden, an einen Finanzierungsberater, in der Hoffnung, von diesem Orientierung und Hilfe zu bekommen.

Leider ist das Einschalten von Finanzierungsberatern oft ein zweischneidiges Schwert. Sie kennen sich in der undurchsichtigen Materie „Baufinanzierung" meistens gut aus und ein Finanzierungsberater kann Sie auch umfassend aufklären, ... soweit er es für angebracht hält. Skepsis ist berechtigt, wenn Sie befürchten müssen, dass der Berater – wie fast alle Geldvermittler – **anbieterabhängig** arbeitet, das heißt mit Partnern wie Banken, Bausparkassen oder Versicherungen kooperiert, weil sie ihm für seine Vermittlertätigkeit Provisionen zahlen (falls sich das Geschäft lohnt). Die Rechnung begleicht – wie immer – der Kunde über den Kreditvertrag.

***FALLSTRICK:* Finanzierungsberater, die mit Banken, Bausparkassen und Versicherungen kooperieren, vermitteln deren Produkte gegen Provisionen, was für ihre Kunden nachteilige Folgen haben kann.**

■ Es gibt leider nur wenige anbieterneutrale Finanzierungsberater. Benutzen Sie die hier gegebenen Informationen, um selber herauszufinden, ob ein Berater provisionsabhängig arbeitet. Wenn Sie kein Risiko eingehen wollen, wenden Sie sich an eine Verbraucherzentrale. Dort werden Sie unabhängig beraten und können unter Umständen auch Finanzierungsangebote überprüfen lassen.

Finanzierungsvertreter

Kundenbesuche eignen sich im Allgemeinen dazu, Menschen auf der persönlichen Ebene anzusprechen, um Produkte erfolgreich zu verkaufen. Banken, Bausparkassen und Versicherungen streben aus diesem Grund auch in den Abendstunden bereitwillig Terminvereinbarungen an. Man kommt schneller ins Geschäft, weil Menschen sich daheim wohler fühlen, und vor allem auch deshalb, weil Vertreter zu Hause beim Kunden wirkliche oder angebliche Gemeinsamkeiten („Ich habe auch so einen Hund") ansprechen können, die sie sogleich als angenehme Menschen erscheinen lassen. Auf diese Weise werden in der Bundesrepublik Deutschland jedes Jahr unzählige Baufinanzierungen am „Küchentisch" abgeschlossen, leider ohne kritische Prüfung und ohne weitere Angebote einzuholen.

Auf Provisionsbasis arbeitende Außendienstler wissen natürlich am allerbesten, wie sie ihre fragenstellende Klientel „abschlussreif" reden. Besonders günstig ist, wenn Kunden sich angesichts der hervorgehobenen Gemeinsamkeiten entweder ein wenig mit ihnen identifizieren oder auf Druck („dieses supergünstige Zinsangebot läuft morgen aus") zu spontanen Reaktionen neigen. Ebenfalls günstig für Außendienstler ist es, wenn mehrere Familienmitglieder beim Beratungsgespräch zugegen sind, und einzelne Personen mit der „Angstmasche" überredet werden können („Frau Meier, Sie wollen doch kein Risiko eingehen. Der Abschluss einer Lebensversicherung für das Hypothekendarlehen liegt nur in Ihrem Interesse").

FALLSTRICK: ***Verkäufer von Baufinanzierungen arbeiten mit vielen Tricks. Wenn die Verhandlungen beim Kunden zu Hause stattfinden, ist er auf der persönlichen Ebene besonders gut ansprechbar.***

■ Überschlafen Sie alle Entscheidungen, und lassen Sie sich auf gar keinen Fall zu Hause von einem Vertreter sofort zu Vertragsabschlüssen überreden, egal wie hilfreich, freundlich und sympathisch dieser auch sein mag.

Unvollständige Konditionsangaben

Finanzierungsanfragen werden zuweilen lückenhaft beantwortet, wenn Banken für ihre Angaben einen Spielraum haben. Der Nachfragende hat beispielsweise zwar den Kreditbetrag angegeben, aber die für den Vergleich mit anderen Angeboten benötigten Konditionsangaben (Nominalzinssatz, Disagio, Zinsbindung, Tilgungssatz, Schätzkosten, Bereitstellungszinsen, Vorfälligkeitsentschädigung, Kontoführungsgebühren usw.) und Berechnungen (effektiver Jahreszins, Restschuld am Ende der Zinsbindung usw.) als Vorgabe für eine brauchbare Auskunft fehlen.

Erfahrungsgemäß stellen Banken auch nur ungern Alternativrechnungen – zum Beispiel von Vorausdarlehen gegen Bausparvertrag oder Lebensversicherung – an. Das Gleiche gilt für die Ausrechnung des effektiven Jahreszinses im Falle einer Gesamtkonstruktion mehrerer Kredite wie bei einer Bausparsofortfinanzierung, mehreren Hypothekenkrediten oder Zinsstundungsdarlehen mit Hypothekenkredit usw.

<u>FALLSTRICK:</u> Mögliche Kreditgeber berücksichtigen bei der eigenständigen Angabe von Konditionen zu Zinsen für Darlehen nicht immer alle Kosten des Kreditnehmers.

■ Bevor Sie Finanzierungsanfragen starten, legen Sie sich am besten eine Konditions-Check-Liste mit allen Konditionsangaben und Berechnungen vom möglichen Kreditgeber an. Fragen Sie nach den üblichen Angaben wie Nominalzinssatz, Effektivzins, Disagio, Zinsbindung, Tilgungssatz, aber ebenso auch nach den Kreditnebenkosten wie Schätzkosten, Bereitstellungszinsen, Vorfälligkeitsentschädigung usw. Etliche Aufwendungen des Kreditnehmers werden von Banken oft nicht gesondert angeführt, weil sie über die Anerkennung von Geschäftsbedingungen und Gebührenordnungen sowieso mit vereinbart werden.

Finanzierungen aus einer Hand

Das Dienstleistungsangebot vieler Banken beschränkt sich nicht mehr wie früher nur auf ein Produkt, sondern auf eine ganze Palette von Finanzierungsarten durch Kooperation mit den verschiedensten Anbietern. Insbesondere Bausparkassen und Versicherungen sind mit den Kreditinstituten mittlerweile eng verflochten und profitieren ebenfalls von dem Verzicht oder der Bequemlichkeit vieler Bauherren, sich die preisgünstigsten Kreditgeber und Versicherungen selber zusammenzustellen. Viele Baufinanzierungen sind Mischfinanzierungen. Beispiel: Als Eigenkapital des Bauherrn ist ein Grundstück vorhanden, das verkauft werden soll. Die Vermarktung des Grundstückes übernimmt die Bank sowie die Zwischenfinanzierung, falls das Grundstück erst später veräußert werden kann. Hauptsächlich jedoch gewährt sie das Hypothekendarlehen für das Haus und auch der Abschluss eines Bausparvertrages läuft über die Bank. Was ist, wenn zur Absicherung des Hypothekendarlehens noch eine Lebensversicherung abgeschlossen werden muss? Kein Problem, die meisten Banken werden für ihre Kunden vermittelnd tätig, und, falls gewünscht, können gleich auch alle Versicherungen rund ums Haus vereinbart werden.

Was auf den ersten Blick als Service erscheint, ist in Wirklichkeit ein intelligenter Wettbewerb zulasten der Brieftasche des Kunden. Er sollte Angeboten aus einer Hand vorsichtig gegenüberstehen, weil ihm dadurch die Möglichkeit genommen wird, für jeden Finanzierungsbaustein separat das marktgünstigste Angebot in Anspruch zu nehmen.

***FALLSTRICK:* Finanzierungen aus einer Hand werden in der Regel teurer als Finanzierungen mit den jeweils preisgünstigsten Anbietern einzelner Produkte.**

■ Betrachten Sie die kompletten Finanzierungsangebote von Banken immer vor dem Hintergrund bankeigener Interessen und der Tatsache, dass mehrere Anbieter auch Konkurrenz bedeuten.

Beratungsfehler

Beratungsfehler bei Baufinanzierungen können für den Bauwilligen teuer werden, währenddessen die Berater meistens ungeschoren bleiben. Falschberatungen in Finanzierungsfragen sind heute an der Tagesordnung und selbst auch an Banken und Sparkassen wurde nach einer 1996 bekannt gegebenen Untersuchung von der Stiftung Warentest in 35% aller untersuchten Fälle die blamable Note „mangelhaft" oder „sehr mangelhaft" verteilt.

Beispielsweise in 96% aller Beratungen erfolgte keine Berechnung der Belastung nach Ablauf der Zinsbindung. Als Grund für das Versäumnis liegt die Vermutung nahe, dass es den meisten Kreditinstituten gleichgültig ist, wie ein Bauherr nach fünf oder zehn Jahren finanziell dasteht. Denn die Darlehen sind abgesichert und bis zum Ablauf der Zinsbindung wird gut verdient.

Bei jeder zweiten Beratung blieb die Finanzierbarkeit des Bauvorhabens ungeprüft. Ebenso oft wurden keine Angaben zu Steuervorteilen gemacht. Und jeder vierte Berater vergaß sogar, den Effektivzins anzugeben. Das ist unverzeihbar, so, als wenn bei einer Autoinspektion der Ölwechsel ausgelassen wird.

***FALLSTRICK:* Die Beratung zur Baufinanzierung ist oft mangelhaft und die Risiken trägt der Bauherr.**

■ Vor einer Falschberatung können Sie sich wirksam schützen, indem Sie sich anhand dieses Ratgebers oder der weiterführenden Literatur so weit informieren, bis Sie wesentliche Beratungsfehler (Fallstricke) selber erkennen können.

Skepsis ist immer angebracht, wenn der Finanzierungsplan nicht stimmt und der Berater versucht, die Probleme herunterzuspielen. Ferner, wenn er „vergisst", den effektiven Jahreszins auszurechnen oder Zuteilungsprognosen von Bausparverträgen leichtfertig eingeschätzt werden usw.

Falsche Berechnung der Eigenmittel

Der Traum vom Eigenheim kann nach Einschätzung der Stiftung Warentest nur allzu leicht zum Albtraum werden. Schuld daran sei die in vielen Fällen mangelhafte Finanzierungsberatung der Banken und Sparkassen (siehe auch Fallstrick „Beratungsfehler").

Eine 1996 vorgestellte Untersuchung hatte ergeben, dass in jedem zweiten Finanzierungsplan die Eigenmittel falsch berechnet worden sind. So wurde in 67% aller Fälle ein Sparbrief nicht bedacht, in 62% aller Fälle eine Bundesanleihe vergessen oder falsch berücksichtigt, in 42% aller Fälle eine Lebensversicherung übersehen und in 17% aller Fälle ein Bausparvertrag nicht oder falsch berücksichtigt. Rechnerisch erhöhte sich dadurch der Kreditbedarf und das Bankgeschäft.

Der umgekehrte Fall ist gegeben, wenn mehr Eigenmittel vorausgesetzt werden, als tatsächlich vorhanden sind. Beispielsweise werden oft unrealistisch hohe Eigenleistungen angenommen, die Zuteilungszeitpunkte von Bausparverträgen falsch geschätzt oder noch nicht frei verfügbare Barmittel mit in Ansatz gebracht. Nachträglich entsteht dadurch eine Finanzierungslücke, wodurch die Kreditmittel (falls überhaupt möglich) erhöht werden müssen, was wiederum zu einem Anstieg der monatlichen Belastung führt.

***FALLSTRICK:* Im Finanzierungsplan falsch angesetzte Eigenmittel führen zu einem zu hohen Kreditbedarf oder verursachen eine Finanzierungslücke.**

■ Denken Sie bei dem Beratungsgespräch an die Interessenlage der Bank. Die Gefahr, dass das Eigenkapital niedrig gerechnet wird (und damit das Darlehen höher ausfällt), ist eher gegeben, wenn der Kunde – gemessen an der Beleihungsgrenze – über genügend Eigenkapital verfügt. Um auch Kunden zu gewinnen, denen die Finanzierung Angst bereiten könnte, ist es denkbar, dass das Eigenkapital hochgerechnet wird. Seien Sie bei solchen Rechenkunststücken sehr vorsichtig!

Unvollständige Baukostenberechnung

Die in vielen Fällen mangelhafte Finanzierungsberatung der Banken und Sparkassen lässt den Traum vom Eigenheim nur allzu leicht zum Albtraum werden. Eine 1996 vorgestellte Untersuchung hatte ergeben, dass in jedem sechsten Finanzierungsplan 20000 bis 60000 DM gegenüber dem tatsächlichen Kreditbedarf fehlten.

Außer der fehlenden Qualifikation von Bankangestellten könnte als Ursache für eine mangelhafte Finanzierungsberatung auch der Umstand eine Rolle spielen, dass Banken und Sparkassen in erster Linie am Kreditgeschäft interessiert sind. Mit anderen Worten, das Risiko einer späteren Finanzierungslücke liegt im Verantwortungsbereich des Bauherrn und muss von ihm selber durch mehr Eigenkapital oder zusätzliche Kreditmittel abgedeckt werden. Und wenn die Baufinanzierung beziehungsweise das gesamte Bauprojekt an der fehlerhaften Gesamtkostenberechnung im Finanzierungsplan scheitern sollte, trägt der Bauherr den Schaden, da die Bank ihre Ansprüche in jedem Fall aus den Sicherheiten für das Darlehen befriedigen kann.

Ein häufig vorkommender Beratungsfehler ist zum Beispiel, dass die Erschließungs- und Hausanschlusskosten vergessen oder zu niedrig veranschlagt werden. Manche Banken übersehen auch schon einmal die Baunebenkosten oder die Aufwendungen für die Außenanlagen. Oder sie rechnen die Baunebenkosten erst einmal zu den beleihungsfähigen Ausgaben, die aber später nicht mit beliehen werden. Gleiches gilt für einzelne Bauteile – teuren Schnickschnack –, der zu keiner Werterhöhung des Gebäudes führt.

<u>FALLSTRICK:</u> Falsch ermittelte Gesamtkosten im Finanzierungsplan können zu einer Finanzierungslücke und einem Scheitern der Baufinanzierung führen.

■ Einen detaillierten Gesamtkostenplan für Ihre Baufinanzierung bekommen Sie im Buchhandel.

Zu gering angesetzter Eigenkapitalanteil

Eine sichere Baufinanzierung setzt voraus, dass genügend Eigenkapital vorhanden ist, wobei die Eigenmittel mindestens den die Beleihungsgrenzen überschreitenden Geldanteil an den Gesamtkosten decken müssen. Im Schnitt geben die Banken Darlehen aus bis zu einer Höhe von maximal 80% der Baukosten. Das hat zur Folge, dass ein Bauherr über wenigstens 20% Eigenkapital verfügen muss, wozu alle seine Bargeldreserven, Sparkonten, Guthaben in Bauspar- und Prämiensparverträgen, Edelmetalle, Wertpapiere, verkaufbare Immobilienwerte und Eigenleistungen zählen.

Angesichts der vorstehenden Differenz vergessen viele Bauherren, dass eine Reihe von so genannten (Bau)Nebenkosten von den Banken nicht beliehen werden und ebenfalls „bar" zu zahlen sind.

Nebenkosten, die nicht kreditiert werden, sind eine eventuelle Maklercourtage (3 bis 6% des Kaufpreises), die Grunderwerbsteuer (3,5% des Kaufpreises), die Kosten für Notar und Grundbuchamt (1,5% des Kaufpreises), Finanzierungsaufwendungen (Geldbeschaffungskosten und Bereitstellungs- und Bauzeitzinsen) sowie Ausgaben für Baustrom, Bauwasser, Versicherungen, Richtfest und Unvorhergesehenes.

Aufgrund solcher Nebenkosten können Sie davon ausgehen, dass Sie für Ihre Baufinanzierung weitere 10% und damit insgesamt ca. ein Drittel der Gesamtkosten in Form von Eigenkapital zur Verfügung haben müssen, wenn keine Finanzierungslücken auftreten sollen.

***FALLSTRICK:* Wenn im Rahmen der Gesamtfinanzierung die Aufwendungen für Nebenkosten beim Eigenkapital nicht berücksichtigt werden, können Finanzierungslücken auftreten.**

■ Als Faustregel gilt, dass als Voraussetzung für den Eigentumserwerb grundsätzlich genügend Eigenkapital (ein Drittel der Gesamtkosten) vorhanden sein muss. Bedenken Sie auch: Umso höher das Eigenkapital ist, desto niedriger sind die Folgekosten.

Computergestützte Baufinanzierungsberatung

Computer sind im Bankgeschäft heutzutage nicht mehr wegzudenken und die elektronische Datenverarbeitung wird zunehmend auch in der Baufinanzierungsberatung eingesetzt. Schnell und relativ einfach ermöglicht sie alle gewünschten Berechnungen wie die Erstellung von Zins- und Tilgungsplänen und selbstverständlich auch die grafische Darstellung aller wesentlichen Finanzierungsbestandteile. Mit der EDV wird die Baufinanzierungsberatung informativer und transparenter. Ihr Einsatz führt zu kürzeren Entscheidungen bei Banken und Darlehensnehmern. Diese erhalten schneller eine Zusage und erlangen aufgrund der vielfältigen Informationen ein besseres Verständnis von ihrer Baufinanzierung.

Dennoch bestehen trotz vieler Vorteile einige Gefahren: Computerprogramme können als kundenorientierte Dienstleistung auf die Interessen des Kreditgebers zugeschnitten sein und beinhalten dann auch gezielte Vorgaben zum Zwecke der anschaulichen Unterstützung vor allem eigener Geschäftsinteressen.

Außerdem lassen sich wegen einer computergestützten Finanzierungsberatung manche Kunden sofort zum Kreditabschluss bewegen, anstatt noch weitere Gespräche zu suchen und weitere Vergleiche mit anderen Kreditgebern vorzunehmen.

***FALLSTRICK:* Computerprogramme sind vor allem anbieterorientierte Beratungshilfen, die Kreditabschlüsse unmittelbar ermöglichen. Sie verleiten manchmal zu voreiligen Entscheidungen, und berücksichtigen nicht immer alle Gesichtspunkte, die für den Verbraucher wichtig sind.**

■ Vertrauen Sie einem Computerprogramm nicht mehr als den Aussagen des Beraters. Computerprogramme sind vor allem einsetzbar für diverse Berechnungen und Analysen. Anhand von Grafiken können mit ihrer Hilfe zum Beispiel die Finanzierungsverläufe im Falle der Gesamtkonstruktion mehrerer Kredite verständlich dargestellt werden. Diese Vorteile sollten Sie nutzen.

Unprofessionelle Steuerberatung

Der Eigenheim- und Wohnungsbau wird vom Staat mit steuerlichen Anreizen gefördert. Ziel der Maßnahmen ist, die laufende finanzielle Belastung der Bauherren zu mindern. Auf diese Weise sollen auch Menschen mit geringerem Einkommen ein Haus erwerben oder errichten können – vorausgesetzt, sie kennen sich in den Gesetzen einigermaßen aus, und machen ihre Ansprüche steuermindernd geltend. Wer in steuerlichen Dingen nicht Bescheid weiß, kann sich erkundigen oder wird informiert. Banken weisen im Rahmen von Beratungsgesprächen zur Baufinanzierung auf Möglichkeiten zur Geltendmachung steuerlicher Vorteile hin, genauso Bausparkassen und Versicherungen. Außerdem beraten sie Bauträger, die mit Steuervorteilen für billiges Bauen werben. Informationen und Hinweise kommen manchmal auch von Freunden oder Bekannten, die selber gebaut haben. Doch leider sind diese Quellen nicht immer objektiv und zuverlässig.

Freunde und Bekannte, die vielleicht vor einigen Jahren gebaut haben, erläutern Ihnen meist das einstmalige (nicht das aktuelle) Steuerrecht. Infolgedessen kann es Ihnen passieren, dass Sie gutgläubig falsch beraten werden. Bei Banken, Bausparkassen oder Versicherungen müssen Sie einkalkulieren, dass vorrangig Steuervorteile aufgeführt werden, die im unmittelbaren Zusammenhang mit angebotenen Finanzierungsbausteinen, namentlich Darlehen, Bausparverträgen oder Lebensversicherungen stehen.

***FALLSTRICK:* Steuertipps von Banken, Bausparkassen, Versicherungen und Bauträgern können geschäftsbedingt erfolgen, und müssen nicht in jedem Fall die wirtschaftlichste Lösung für den Bauherrn sein.**

■ Planen Sie Ihren Hausbau unter steuerlichen Gesichtspunkten, indem Sie sich mittels eines aktuellen Ratgebers vorher das notwendige Fachwissen aneignen. Finanzämter und unabhängige Steuerberater geben weitere Auskünfte.

Verzicht auf Fördermittel

Vermutlich um das eigene Kreditgeschäft nicht zu schmälern, geben „geschäftstüchtige" Mitarbeiter von Geldinstituten bei der Finanzberatung von Bauwilligen mitunter keine Hinweise zu aktuellen Bauförderprogrammen des Bundes und der Länder. Oder den Auskunftssuchenden wird mit Nebensätzen wie: „bei Ihrem Verdienst erhalten Sie sowieso keine staatliche Förderung", von einer Antragstellung abgeraten obwohl aufgrund der Kinderzahl oder wegen außergewöhnlicher Belastungen durch schwer behinderte Familienmitglieder eine Bauförderung allemal in Betracht käme – Anspruchsvoraussetzungen, die der Kreditberater gar nicht erst hinterfragt hat. Das Fazit ist: Im Vertrauen auf vollständige Informationen ihrer Bank oder Sparkasse wissen viele Bauwillige nicht, dass sie neben steuerlichen Vergünstigungen ihr Budget noch mit staatlichen Zuschüssen und Hilfen aufbessern können.

Etliche Bauwillige verzichten noch aus einem anderen Grund auf die Inanspruchnahme staatlicher Fördermittel: Sie scheuen den bürokratischen Aufwand. Denn die meisten Anträge auf Zuschüsse und Aufwendungsdarlehen erfordern zur Bearbeitung umfangreiche Angaben und zahlreiche Nachweise, weswegen das Ausfüllen der Formulare und das Beibringen aller notwendigen Belege und Unterlagen sehr zeitaufwendig ist.

***FALLSTRICK:* Viele Bauwillige verzichten auf staatliche Fördermittel, weil sie die Anspruchsvoraussetzungen nicht kennen oder die Antragstellung für zu kompliziert und zu aufwändig halten.**

■ Wegen der unterschiedlichen Gegebenheiten in den einzelnen Bundesländern müssen Sie sich bei Ihrer Stadt- oder Kreisverwaltung (Landratsamt) nach der zuständigen Behörde oder Stelle für die Bauförderung von Bund und Ländern erkundigen. Und scheuen Sie darüber hinaus keine Mühen, da der Antrag Ihnen viele Tausendmarkscheine „extra" bescheren kann.

Kreditverhandlungen

Fehlende Kreditwürdigkeit

In Hochglanzprospekten und Annoncen wird von Bauträgern und Maklern mit Bildern von zauberhaften Häusern für Wohnungseigentum geworben und die Finanzierung anhand von Modellrechnungen als eher unproblematisch dargestellt. Hiernach kann die Baufinanzierung durch die Mietersparnis und über die Ausschöpfung von Steuervorteilen erfolgen. Außerdem soll noch Geld übrig bleiben. Da wundert sich doch jeder, warum es hierzulande überhaupt noch Mieter gibt. Leider kommt es vor, dass Bauwillige wegen derartiger Versprechungen voreilig Verträge abschließen, ohne zuvor ihre Kreditwürdigkeit und damit die wichtigste Frage ihrer Baufinanzierung abgeklärt zu haben.

Für die Finanzierung des Kauf- oder Bauvorhabens benötigen die meisten Menschen Fremdkapital, weil die Eigenmittel nicht ausreichen. Kredite in den Größenordnungen einer Baufinanzierung sind immer auch mit Sicherheiten vonseiten des Kreditnehmers verbunden. Und wer aus Sicht der Banken nicht kreditwürdig ist, bekommt auch kein Baugeld, selbst wenn die Modellrechnungen in den Prospekten der Bauträger ein günstigeres Bild vermitteln. Banken schätzen die Kreditwürdigkeit von Kunden nach internen Maßstäben ein und prüfen im Einzelfall genau, welche Sicherheiten ein Kunde im Zusammenhang mit einem Kredit bieten müsste, bevor sie ihm ein Darlehen zusagen.

***FALLSTRICK:* Wer sich auf Verträge einlässt, ohne Auskunft über seine Kreditwürdigkeit eingeholt zu haben, muss damit rechnen, das Bauvorhaben nicht finanzieren zu können.**

■ Unterschreiben Sie darum keinen Kauf- oder Bauvertrag, bevor Sie über eine gesicherte Finanzierung verfügen. Ein Rücktritt vom Vertrag mangels Kreditwürdigkeit kann teuer werden.

Telefonische Bankauskünfte

Um einen aktuellen Überblick über die Höhe von Kreditzinsen zu erhalten, besteht neben der Lektüre von Fachzeitschriften auch die Möglichkeit, telefonische Bankauskünfte einzuholen. Hierzu werden zweckmäßigerweise nur seriöse Kreditanbieter angesprochen, die über Fachpersonal verfügen, das qualifiziert beraten kann. Weiterhin ist zu beachten, dass bei jeder Telefonaktion ein- und dieselben Daten (Nominalzinssatz, Zinsbindungsdauer, Disagio, Tilgungsraten, Kreditnebenkosten, effektiver Jahreszins) erfragt werden, damit die Konditionen der verschiedenen Anbieter auch vergleichbar sind. Dasselbe gilt für den Zeitrahmen, in dem die Umfrage stattfindet, weil sich die Konditionen für Kredite aufgrund der Marktsituation außerordentlich schnell ändern können.

Viele Auskunftssuchende bereiten sich auf das Einholen von telefonischen Bankauskünften nicht richtig vor. Der Mangel an Vorkehrungen wird deutlich, wenn sie am Telefon nicht gezielt auftreten können und aus diesem Grund ihre ursprüngliche Absicht, eine Marktanalyse zu erstellen, für ein Beratungsgespräch mit dem erstbesten Anbieter aufgeben. Der Grund, warum Banken vor allem unbedarften Anrufern ein Beratungsgespräch antragen und die erbetene Konditionsangabe auf dieses Gespräch verschieben wollen, liegt ja auf der Hand: Auf diese Weise kann gezielter Einfluss auf den Kunden genommen werden; viel besser als bei einem relativ unverbindlichen Telefonat.

<u>FALLSTRICK:</u> Anstatt am Telefon genaue Auskünfte zu Kreditkonditionen zu erteilen, bieten Banken und Sparkassen persönliche Beratungstermine an, um Interessenten wirksamer umwerben zu können.

■ Sie sollten darum gleich am Gesprächsanfang zu erkennen geben, dass Sie die Konditionen nur als Information für die Vorauswahl von geeigneten Kreditgebern benötigen und Sie im Augenblick keinen zusätzlichen Beratungsbedarf haben.

Unsicherheit bei Beratungsgesprächen

Das konkrete Einholen von Finanzierungsangeboten erfolgt meistens durch Beratungsgespräche bei Kreditinstituten, bei denen bereits ein Sparbuch oder ein Girokonto unterhalten wird. Um keine Aufmerksamkeit zu erwecken, flüstern viele Kunden ihr Anliegen einem Bankangestellten über den Tresen zu und werden daraufhin unauffällig zu einem abgeschirmten Bereich in der Schalterhalle oder in einen Nebenraum im Bankgebäude geführt. Erst nach einer Weile erscheint der Kreditberater, dem als Erstes eine vom Kunden mitgebrachte Plastiktüte auffällt, worin sich alle Unterlagen befinden, die seiner Meinung nach für die Kreditgewährung wichtig sein könnten.

Wer so laienhaft vorgeht, verkauft sich buchstäblich unter Wert, weil er den Kreditberater dadurch von vornherein erkennen lässt, dass er alle nachfolgenden Vorschläge und Konditionen – mit einer maximalen Gewinnspanne für die Bank – unkritisch und widerstandslos akzeptieren wird.

***FALLSTRICK:* Unsicheres und ungezieltes Vorgehen bei Beratungsgesprächen mit Kreditgebern kann dazu führen, dass Kreditnehmer übervorteilt werden.**

■ Als Kreditnehmer müssen Sie im Beratungsgespräch vor allem gezielt und seriös auftreten. Telefonisch dringen Sie zuerst einmal auf einen Termin, der Ihnen passt. Der Kreditberater muss wissen, dass Sie anderen Geschäften nachgehen, die für Sie wichtiger sind als das Gespräch mit ihm. Ferner bitten Sie ihn um Auskunft, welche Daten und Informationen für das Gespräch benötigt werden, damit auch an Ort und Stelle ein konkretes Finanzierungsangebot unterbreitet werden kann. Diese Unterlagen bringen Sie wohlsortiert in einem Aktenkoffer mit. Äußerlich sollten Sie seriös wirken – ebenso wie Ihr Gesprächspartner von der Bank. Zum Beispiel ist Männern das Tragen von Anzügen zu empfehlen anstatt von billigen Jacken und abgewetzten Jeans.

Ungeschickte Verhandlungsstrategie

Viele Bauwillige begeben sich bei Kreditverhandlungen von vornherein in die Rolle dessen, der heilfroh ist, überhaupt jemanden gefunden zu haben, der ihm das benötigte Geld für sein Bauvorhaben leiht. In diesen Fällen kommen keine Verhandlungen zu Stande, sondern es werden Gespräche geführt und Vertragsbedingungen genannt, die vom Darlehensnehmer aus lauter Dankbarkeit widerspruchslos akzeptiert werden.

***FALLSTRICK:* Eine devote Haltung kann zur Folge haben, dass dem Darlehensnehmer die Bedingungen des Vertrages von Banken und Sparkassen aufgezwungen werden.**

■ Wenn Sie Kredite brauchen, müssen Sie mehrere Angebote einholen und so lange feilschen, bis ein optimales Ergebnis erzielt ist. Dies setzt Grundwissen vom Aufbau einer Baufinanzierung voraus, und die Kenntnis, dass allen Kreditinstituten gleiche Rahmendaten für deren Angebote vorgegeben werden. Ferner benötigen Sie strategisches Geschick bei den Verhandlungen über die Konditionen.

Sollte ein Kreditsachbearbeiter bei Ihnen anrufen, um kurzfristig einen Gesprächstermin zu vereinbaren, dann gehen Sie von Ihrer Bitte nach der Übersendung von einem schriftlichen Angebot nicht ab. Vertrösten Sie den Anrufer mit dem Hinweis, sich wieder melden zu wollen, wenn das Angebot günstig ist.

Erst wenn die Konditionen mehrerer Kreditinstitute vorliegen und Sie sich einen Überblick über die Lage am Kreditmarkt verschafft haben, ist es an der rechten Zeit, mit den günstigsten Anbietern konkret und persönlich zu verhandeln. Hierbei wird der Ausgang dann wesentlich davon abhängen, welchen Eindruck Sie auf Ihre Verhandlungspartner machen. Wenn Sie gezielt und seriös auftreten, haben Sie gute Chancen, das erste (schriftliche) Zinsangebot herunterzuhandeln und/oder die vertraglichen Rahmenbedingungen (Kreditnebenkosten etc.) zu Ihren Gunsten zu ändern.

Finanzierungsmodelle und ihre Tücken

Gefährliche Finanzierungen

Eine Hausfinanzierung kann für den späteren Besitzer mit erheblichen Nachteilen verbunden sein. Sie kann ihn sogar ruinieren, wenn das Haus zwangsversteigert wird, weil die Raten zu hoch geworden sind, und nach der Versteigerung unterm Strich weitere Restschulden verbleiben, die neben der Miete für die neue Wohnung zurückgezahlt werden müssen. Private Baupleiten kommen in der Praxis zahlreicher vor, als es im Allgemeinen scheinen mag. Nicht umsonst sind bei größeren Banken und Sparkassen separate Abteilungen eingerichtet, die sich nur mit Zwangsversteigerungen beschäftigen müssen, um ihre Rückzahlungsansprüche durchzusetzen.

Der Hauptgrund für Insolvenzen von Bauherren sind gefährliche Finanzierungen, die in unterschiedlicher Weise auftreten können wie beispielsweise in Form ansteigender Zinsbelastungen infolge der Vereinbarung variabler Zinssätze. Oder als Finanzierungslücke, weil die Finanzierung falsch aufgebaut wurde. Ferner in Gestalt auflaufender Zinsstundungs- und Tilgungsstreckungsdarlehen, mit denen die monatliche Anfangsbelastung zunächst niedriggerechnet wurde.

***FALLSTRICK:* Viele Baufinanzierungen scheitern infolge der falschen Einschätzung von Belastungen und aufgrund zu hoher Risiken für den Bauherrn.**

■ Wenn Sie Baugeld brauchen, dürfen Sie mit diesem Geld nicht spekulieren, weil das schnell gefährlich werden kann. Lassen Sie sich auf keine Abenteuer ein und prüfen Sie jeden Finanzierungsvorschlag mit der Fragestellung, ob für Sie eine gefährliche Finanzierung entsteht. Insbesondere anbieterabhängige Berater beurteilen das Kundenrisiko manchmal zu großzügig, weil es dabei natürlich auch um ihr eigenes Geschäft geht.

Vorfinanzierung von Bausparverträgen

Bei einer Bausparvorfinanzierung wird der benötigte Kredit in voller Höhe des Bausparvertrages zur Verfügung gestellt und später durch die Zuteilung des Bausparvertrages abgelöst. Bis zu diesem Zeitpunkt setzt sich die monatliche Belastung aus den Regelsparbeiträgen für den Bausparvertrag und den Zinsen für den Vorfinanzierungskredit zusammen. Nach der Ablösung des Vorfinanzierungskredits wird der Bausparvertrag getilgt.

Eine besondere Variante der Bausparvorfinanzierung besteht darin, dass der Vorfinanzierungskredit gegen den Abschluss mehrerer nacheinander geschalteter Bausparverträge gewährt wird und die Tilgung des Vorfinanzierungskredits durch die später zugeteilten Bausparverträge erfolgt.

Gerade die Vorfinanzierung mit mehreren Bausparverträgen ist aus Sicht vieler Darlehensnehmer eine undurchsichtige Konstruktion, weil die unterschiedlichen Zins- und Tilgungsleistungen zu einem Finanzierungsverlauf mit sich häufiger ändernden Belastungen führt, was außerdem den Nachweis der Wirtschaftlichkeit dieses Modells im Vergleich zum gewöhnlichen Hypothekendarlehen erschwert. Da es unmöglich ist, vollständig und genau den Ablauf von Bausparverträgen vorauszuschätzen, wird deutlich, dass die Zeitdauer der Inanspruchnahme des Vorausdarlehens ebenso wenig richtiggehend bestimmbar ist. Im Falle einer verzögerten Zuteilung des Bausparvertrages würde dies die Finanzierung verteuern.

<u>FALLSTRICK:</u> Für ein Vorausdarlehen können höhere Finanzierungskosten entstehen, wenn die geschätzte Zuteilungszeit des Bausparvertrages überschritten wird. Vorausdarlehen werden wegen der ungewissen Zuteilung des Bausparvertrages teilweise variabel abgeschlossen.

■ Bei der Bausparvorfinanzierung müssen Sie eine kritische Vergleichsberechnung zum Hypothekendarlehen vornehmen (lassen) und die damit verbundenen Risiken gewissenhaft bedenken.

Bausparsofortfinanzierung

Mit dem Argument, auf jeden Fall die Vorteile des Bausparens nutzen zu wollen, kann bei einer Finanzierungsberatung der Fall eintreten, dass vor allem Bausparkassen – oder Banken, die eng mit Bausparkassen zusammenarbeiten – ohne genaue Analyse der Finanzierung dem Kunden vorschlagen, von vornherein einen neuen Bausparvertrag abzuschließen und das Mindestsparguthaben entweder aus dem Eigenkapital einzuzahlen oder einen Kredit aufzunehmen, falls hierfür kein Eigenkapital zur Verfügung steht. Dem Kunden wird vorgerechnet, dass bei einer Finanzierung durch die Kombination aus einem Kredit und einem Bausparvertrag die monatliche Kreditbelastung sinkt, was in Wirklichkeit der Fall sein kann, wenn der Zinssatz für den Zwischenkredit im Vergleich zum traditionellen Hypothekenkredit besonders niedrig ist.

Diese Finanzierungskonstruktion ist dem Grunde nach widersprüchlich, weil der Kunde sparen (!) soll, obwohl er in Wirklichkeit Geld braucht und für einen Kredit Zinsen bezahlt werden, der angelegt wird, aber viel niedrigere Habenzinsen erwirtschaftet. Dass dabei unterm Strich vor allem Banken und Bausparkassen verdienen, davon kann getrost ausgegangen werden. Denn der Bausparer muss während der gesamten Wartezeit, das heißt, bis zur Fälligkeit des Bausparvertrages, Kreditzinsen in voller Höhe auf den Zwischenkredit zahlen, da eine Tilgung und damit eine Reduzierung der Rechenbasis für die Zinsen, nicht erfolgt. Hinzu kommen weitere Aufwendungen, insbesondere die Gebühr für den Abschluss des Bausparvertrages und andere Kreditnebenkosten.

***FALLSTRICK:* Bei der Bausparsofortfinanzierung werden zusätzliche Kreditmittel benötigt, was unterm Strich zu einer erheblichen Verteuerung der Hausfinanzierung führen kann.**

■ Wer sofort Geld benötigt, dem kann grundsätzlich nicht geraten werden, eine Bausparsofortfinanzierung abzuschließen.

Zuteilung von Bausparverträgen

Bauspardarlehen werden von Bausparkassen nur auf zuteilungsreife Bausparverträge gegeben und die Zuteilung erfolgt erst, wenn der Bausparer das Mindestsparguthaben (je nach Bausparkasse und Vertragsart 30 bis 50% der Vertragssumme) angespart hat, die Mindestwartezeit (18 Monate) abgelaufen ist und der Vertrag eine Bewertungszahl erreicht hat, die von den Bausparkassen nach unterschiedlichen Methoden an mehreren Stichtagen im Jahr ermittelt werden, wobei es im Wesentlichen darauf ankommt, wie lange der Sparer wie viel Bausparguthaben auf seinem Konto hatte.

Wenn ein Bausparvertrag in die Finanzierungsüberlegungen beim Hausbau mit einbezogen werden soll, ist größte Vorsicht geboten, weil sich der Zeitpunkt der Zuteilung bei Vertragsabschluss nicht vorhersagen lässt. Die Zuteilung von Bauspardarlehen hängt von nicht vorhersehbaren Faktoren ab, wie etwa dem Geldeingang bei der Bausparkasse, die gesetzlich verpflichtet ist, liquide zu bleiben und nur in dem Maße Darlehen gewähren kann, wie andererseits Guthaben angespart werden. Die Zuteilungsphase oder Wartezeit wird von Vertretern der Bausparkassen schon einmal kürzer eingeschätzt, wenn es darum geht, neue Kunden zu werben. Der Vertreter kann für seine Fehlangabe später nur belangt werden, wenn er einen Zuteilungszeitpunkt nachweislich zugesichert hat. Ansonsten greifen die kleingedruckten Bedingungen des Bausparvertrages mit der Formel zur Berechnung der Bewertungszahl.

***FALLSTRICK:* Weil es nicht möglich ist, vollständig und genau die Zuteilung von Bauspardarlehen vorauszuschätzen, können bei der Baufinanzierung Vorfinanzierungskosten entstehen.**

■ Trauen Sie keiner Bausparkassenwerbung, die den Eindruck erweckt, die Bausparkasse könne bestimmte Wartezeiten garantieren. Bauen Sie nicht auf einen geschätzten Zuteilungstermin.

Darlehen gegen Kapitallebensversicherung

Bei dieser Finanzierungsvariante wird der Baukredit gegen Abtretung einer Kapitallebensversicherung gewährt und der Kredit getilgt, wenn die Versicherungssumme fällig ist. Die Gesamtbelastung des Kreditnehmers summiert sich bis zur Tilgung des Kredits aus der monatlichen Prämie für die Versicherung und den Zinsen auf den Kredit. Der Vorteil ist außer dem Versicherungsschutz die Rendite aus Versicherungsguthaben, die als Überschussbeteiligung zur Verkürzung der vertraglichen Laufzeit von Versicherung und Kredit verwendet werden kann.

Wegen des niedrigeren Zinssatzes sieht der Lebensversicherungskredit auf den ersten Blick günstiger aus als ein Hypothekendarlehen. Um die Gesamtbelastung von Versicherungskredit und Hypothekendarlehen vergleichen zu können, kommt es neben dem unterschiedlichen Zinsaufwand für beide Finanzierungen und den Kosten für eine isolierte Risikolebensversicherung beim Hypothekendarlehen darauf an, wie hoch die Kostenvorteile aus den Beiträgen für die kapitalbildende Lebensversicherung sind. Und gegenüber einem marktüblichen Hypothekenkredit muss die Lebensversicherungsrendite schon sehr hoch sein (mindestens 7%), damit zum Beispiel ein einprozentiger Zinsvorteil beim Versicherungskredit zu einer geringeren Gesamtbelastung führt. Allein die Wahl eines leistungsschwachen Versicherers kann bereits rund 600 Mark jährlich oder 15000 Mark über die Gesamtlaufzeit kosten, wie die Stiftung Warentest festgestellt hat. Und wenn die Versicherung aus irgendwelchen Gründen vorzeitig gekündigt werden muss, kommt hinzu, dass der Rückkaufwert deutlich unter den eingezahlten Prämien liegt.

***FALLSTRICK:* Ein Darlehen gegen eine Lebensversicherung auszutauschen ist trotz geringerer Zinsen meist nur bei einem sehr hohen Dividendenzuwachs vorteilhaft.**

■ Verlangen Sie genaue Angaben zur bisherigen Rendite und beurteilen Sie höhere Prognosen der Versicherungen eher kritisch.

Zinsstundungsdarlehen

Sehr risikoreich sind Finanzierungen mit so genannten Zinsstundungs- und Tilgungsstreckungsdarlehen, um die monatliche Kreditbelastung für ein Hypothekendarlehen oder den Zwischenkredit für eine Bausparsofortfinanzierung zu senken. Bei dieser Konstruktion wird dem Darlehensnehmer ein gesondertes Kreditkonto eingerichtet, von dem die monatlichen Zins- und/oder Tilgungsraten entweder ganz oder teilweise gezahlt werden.

Die Aufnahme von Zinsstundungs- und Tilgungsstreckungsdarlehen sollten allenfalls in Betracht gezogen werden, um eine vorübergehende Zahlungsschwäche zu überbrücken, zum Beispiel wenn ein Darlehensnehmer für kurze Zeit arbeitslos ist oder andere existenznotwendige Ausgaben von ihm geleistet werden müssen.

Zinsstundungs- und Tilgungsstreckungsdarlehen sind keine Geschenke von Banken und Sparkassen, sondern zusätzliche Kredite, für die Zinsen berechnet werden, und die später – zusätzlich – zu der eigentlichen Belastung für das Hypothekendarlehen oder den Bausparvertrag zurückzuzahlen sind. Mit dem Zinsstundungssystem umgehen die Kreditinstitute eigentlich das Zinseszinsverbot, was zur Folge hat, dass die Schulden des Darlehensnehmers immer schneller anwachsen.

***FALLSTRICK:* Eine zur Verringerung der monatlichen Belastung empfohlene Aufnahme von Zinsstundungs- und Tilgungsstreckungsdarlehen kann zu einer lebenslangen Bankenabhängigkeit führen.**

■ Widerstehen Sie der Verlockung von Finanzierungsvorschlägen, bei denen Ihre anfängliche Belastung aufgrund von Krediten durch Zinsstundungs- und Tilgungsstreckungsdarlehen gesenkt wird. Werbung, wonach Ihre Hausfinanzierung zu mietähnlichen Belastungen erfolgen soll, basiert einfältigerweise oft nur darauf, die Rückzahlungsverpflichtung auf einen zukünftigen Zeitraum zu verschieben, was den Kreditnehmer später zusätzliches Geld kostet.

Einbeziehung zu hoher Eigenleistungen

Bauwillige, die nicht über auskömmliche Geldmittel verfügen, versuchen die Baukosten durch Selbsthilfe zu vermindern und veranschlagen Eigenleistungen in ihrer Baufinanzierung als Eigenkapital. Der Selbsthilfe gleichzusetzen ist die unentgeltliche Familien- oder Nachbarschaftshilfe, die in der Praxis auf Gegenseitigkeit beruht.

Was den Umfang vorstehender Initiativen anbelangt, sind viele Bauwillige anfangs optimistisch und meinen, durch Eigenleistungen am Bau eine Ersparnis von 30 und mehr Prozent der Gesamtkosten erwirtschaften zu können. Diese vom Volksmund als „Muskelhypothek" bezeichnete Eigenleistung würde bei einem Haus, dessen schlüsselfertige Erstellung durch eine Fremdfirma beispielsweise 500000 DM kosten würde, immerhin 150000 DM betragen.

Baufinanzierungen mit einer umfangreichen Selbsthilfe erweisen sich nachträglich leider häufig als Makulatur, weil die meisten Bauherren nur bestimmte Arbeiten selbst ausführen können und auf die eingeplanten Helfer aus Familie und Nachbarschaft – so die Erfahrung – nicht immer Verlass ist. Die unrealistische Einschätzung der eigenen Arbeitskraft oder der nachbarschaftlichen Unterstützung reduziert den angesetzten Eigenleistungsanteil und führt zu einer Finanzierungslücke, die durch die Aufnahme weiterer Kredite geschlossen werden muss.Das ist allerdings angesichts einer zuvor ausgereizten Kalkulation unter Einbeziehung der Eigenleistungen in voller Höhe vermutlich im Nachhinein nicht mehr möglich.

***FALLSTRICK:* Bei der Einbeziehung von Eigenleistungen in die Kalkulation, überschätzen viele Bauherren ihre eigenen Fähigkeiten, was zu unerwarteten Finanzierungslücken führen kann.**

■ Die anrechenbare „Muskelhypothek" beträgt in den meisten Fällen weniger als 10% der Baukosten, weil sich die Eigenleistungen mit wenigen Ausnahmen in der Regel auf die Maler- und Teppicharbeiten sowie die Gestaltung der Außenanlagen beschränken.

Weitere Finanzierungselemente

Effektivzins

Anders als der Nominalzins gibt der Effektivzins an, wie hoch die tatsächliche Verzinsung des Darlehens ist. Nach der Preisangabenverordnung umfasst die Berechnung des Effektivzinses folgende Faktoren: Nominalzinssatz, Auszahlungskurs, Bearbeitungsgebühr, Provisionen, Zins- und Tilgungsberechnungsweise und Tilgungssatz.

Der Effektivzins ist somit ein guter Hinweisgeber, um zu ermitteln, welcher der angebotenen Kredite der günstigste ist. Gleichwohl besitzt er als Vergleichsmaßstab auch Schwächen, weil bei seiner Berechnung bestimmte Nebenkosten wie Bereitstellungszinsen, Kontogebühren, Schätzkosten und Teilauszahlungszuschläge unberücksichtigt bleiben, was viele Darlehensnehmer gar nicht wissen, weil sie (aufgrund des Unterschiedes zum aussageschwächeren Nominalzins) denken, dass der effektive Jahreszins diejenige Rechengröße darstellt, welche alle möglichen Faktoren mit einbezieht.

***FALLSTRICK:* Im effektiven Jahreszins werden bestimmte Nebenkosten der Kreditgeber nicht mit berücksichtigt, was die Vergleichbarkeit verschiedener Angebote erschweren kann.**

■ Infolgedessen müssen Sie die im effektiven Jahreszins nicht einbezogenen Nebenkosten ermitteln und diese bei dem Vergleich von Angeboten mit berücksichtigen. Parallel dazu ist empfehlenswert, sich von den Kreditanbietern die nach Ablauf der Zinsbindungsdauer verbleibende Restschuld ausrechnen zu lassen. Ein Vergleich der Restschulden weist – unter Berücksichtigung der Nebenkosten – auf das günstigste Angebot hin.

Besonders schwierig ist die Ermittlung des gesamten effektiven Jahreszinses bei Baufinanzierungen aus mehreren Darlehen und Bausparverträgen.

Variable Zinssätze

Neben Krediten mit Festzinssatz bieten die meisten Sparkassen und Banken Kredite mit variablem Zinssatz an. Der wesentliche Vorteil einer Zinsfestschreibung ist, dass während der Bindungsfrist die Bank den Zinssatz nicht verändern darf, mit der Folge, dass die Belastungen für den Kreditnehmer gleich bleiben. Bei Krediten mit variablem Zinssatz werden die Zinsen den Entwicklungen des Kapitalmarktes angepasst, was insbesondere in Hochzinsphasen dazu führen kann, dass Darlehensnehmer die steigende Zinsbelastung irgendwann nicht mehr verkraften können und „variabel" in die Zwangsversteigerung hineinsteuern.

Der Abschluss von variablen Zinssätzen sollte daher gut überlegt sein. Er ist in Betracht zu ziehen, wenn das Zinsniveau auf dem Zinsmarkt gerade in einer Hochzinsphase ist, aber nach Ansicht von Experten schon bald wieder mit sinkenden Zinsen gerechnet werden kann. Ein Darlehen mit variablen Zinsen kann – im Gegensatz zu Darlehen mit Festzinssätzen – außerdem auch jederzeit vonseiten des Darlehensnehmers mit einer Kündigungsfrist von drei Monaten gekündigt und zurückgezahlt werden. Das ist sinnvoll, wenn zum Beispiel eine unerwartete Erbschaft gemacht wurde oder das Haus aus irgendwelchen Gründen (Beruf, Ehescheidung o. Ä.) überraschend verkauft werden muss.

Vor- und Nachteile zwischen variablen und langfristigen Zinssätzen müssen situationsbezogen abgewogen werden, wobei die Sicherheit gleichbleibender Zinssätze in den meisten Fällen ausschlaggebend sein dürfte. Bei variablen Zinssätzen werden dem Bankkunden die Zinserhöhungen zudem schneller weitergegeben als Zinssenkungen.

***FALLSTRICK:* Variable Zinssätze können in Hochzinsphasen die Belastung so weit ansteigen lassen, dass sie nicht mehr getragen werden kann.**

■ Wer mit variablen Zinssätzen „spekuliert", sollte über finanzielle Reserven verfügen, um nicht sein Haus zu riskieren.

Kreditnebenkosten

Kreditnebenkosten sind, wie der Name schon besagt, zusätzliche Aufwendungen, die dem Darlehensnehmer von den Kreditinstituten in Gestalt von Provisionen und Gebühren zu dem Kreditzinssatz berechnet werden. Bei Verhandlungen mit Sparkassen und Banken wird der Kunde feststellen, dass über Kreditnebenkosten nur ungern gesprochen wird, weil viele Darlehensgeber ertragreiche Geschäfte damit machen. Kreditnebenkosten gelten nicht umsonst als „das bestgehütete Bankgeheimnis der Welt".

Zu den Nebeneinnahmen von Sparkassen und Banken im Kreditgeschäft zählt die additive Berechnung von Bearbeitungsgebühren, Bereitstellungszinsen, Teilauszahlungszuschlägen, Bürgschaftskosten, Wertgutachterkosten und Vermittlerprovisionen. Außer, dass neben dem Kreditzinssatz anfallende Provisionen und Gebühren den Kredit für den Kunden erheblich verteuern können, erschwert die von Bank zu Bank unterschiedliche Berechnung von Nebenkosten zusätzlich den Vergleich mit anderen Kreditangeboten.

***FALLSTRICK:* Zu dem Kreditzinssatz berechnen die Banken dem Darlehensnehmer in der Regel so genannte Nebenkosten, die den Aufwand verteuern und den Vergleich von Krediten schwierig machen.**

■ Wenn Ihnen Banken Kreditangebote unterbreiteten ohne auf die Kreditnebenkosten hinzuweisen, dann fragen Sie am besten sofort und gezielt nach. So lange Sie von einem oder mehreren Kreditinstituten umworben werden, weil Sie noch keinen Vertrag unterschrieben haben, sind die Nebenkosten verhandelbar. Manchmal verzichtet das Kreditinstitut ganz oder teilweise auf die Berechnung von Kreditnebenkosten. In jedem Fall sollten Sie sich jedoch außer dem effektiven Zinssatz alle anfallenden Nebenkosten für einen Kredit ausrechnen lassen, weil nur unter Berücksichtigung der Gesamtaufwendungen Vergleiche zwischen Krediten angestellt werden können.

Disagio

Bei der Aufnahme von Darlehen besteht die Möglichkeit, ein Disagio – auch Damnum genannt – zu vereinbaren. Es handelt sich hierbei um einen Abschlag von der Darlehenssumme, den das Kreditinstitut einbehält. Als Gegenleistung erhält der Darlehensnehmer einen abgesenkten Zinssatz für den Kredit.

Im Rahmen einer Finanzierungsberatung werden dem Darlehensnehmer gelegentlich nur die Vorteile eines Disagios angepriesen und die Nachteile verschwiegen. Hauptargument für ein Disagio war, den Fiskus an den Zinszahlungen für das Darlehen zu beteiligen, weil es zu steuerlich absetzbaren Vorkosten führte. Dies gilt nun nicht mehr, weil seit dem 1.1.1996 automatisch eine Finanzierungskostenpauschale von 3500 DM berücksichtigt wird, wodurch es für das Disagio bei der neuen Immobilienförderung keine Steuervorteile mehr gibt.

Dagegen muss der Darlehensnehmer das Disagio nach wie vor aus Eigenmitteln bestreiten oder durch eine Erhöhung des Darlehens finanzieren, was wiederum zu höheren Schulden und Tilgungsraten führt. Manche Darlehensgeber weisen angesichts ihrer Lockangebote (niedriger Nominalzinssatz mit Disagio) zudem nur ungern darauf hin, dass der Vorteil beim Disagio, der niedrigere Zinssatz, nur für die Zinsbindungsfrist und nicht für die gesamte Laufzeit des Darlehens (bis zu ca. 30 Jahre) gilt. Dadurch nehmen die Belastungen des Darlehensnehmers nach Ablauf der Zinsbindungsdauer eventuell deutlich zu, wenn kein neues Disagio vereinbart wird.

***FALLSTRICK:* Das Disagio bietet seit dem 1.1.1996 bei selbst genutzen Eigenheimen keine Steuervorteile mehr, und durch die Nichtberücksichtigung in der Finanzierung können erhebliche Finanzierungslücken entstehen.**

■ Wenn Sie Ihre Vorteile und Risiken mit dem Disagio nicht genau einschätzen können, sollten Sie besser ohne Disagio finanzieren und versuchen, möglichst geringe Schuldzinsen auszuhandeln.

Fallstricke bei der Durchführung des Bauvorhabens

Das Geschäft der Bauträger und Handwerker

Bauträgerauswahl

In den Tageszeitungen bieten viele Bauträger schlüsselfertiges Bauen an, sodass sich jeder Bauwillige irgendwann die Frage nach dem richtigen Bauträger stellt, zumal die Firmen hinsichtlich Größe und Leistungsangebot sehr unterschiedlich sind.

Bei Bauträgern, die schlüsselfertiges Bauen vom Schreibtisch aus mit einem Minimum an Personal betreiben, ist die Gefahr des plötzlichen Konkurses wesentlich höher als bei Unternehmen mit einem umfangreichen Mitarbeiterstab, weil sich eine mögliche Insolvenz dort eher nach außen hin abzeichnet. Erste Reaktionen auf eine schlechte Auftragslage sind sukzessive Entlassungen, die sich in der Branche und bei Bauwilligen herumsprechen und zur Vorsicht mahnen. In einem kleineren Betrieb können dagegen die Bücher von heute auf morgen zugeklappt werden, mit der Folge, dass die Bauherren mit einem halb fertigen Neubau dastehen, den ein anderer Bauträger ihnen dann wahrscheinlich nur zu einem wesentlich höheren Preis fertig stellt.

***FALLSTRICK:* Bauträger, die mit wenigen Bürokräften und vielen Subunternehmern arbeiten, können lautloser in Konkurs gehen als größere Unternehmen, die wesentliche Bauleistungen selber erbringen.**

■ Im Hinblick auf Konkurssicherheit, Bauleitung und Bauausführung kann es vorteilhaft sein, wenn Sie einen Bauträger auswählen, der wesentliche Bauleistungen (Rohbau, Klinker, Estrich, Fenster, Putzarbeiten) selber erbringt. Hierbei handelt es sich oft um alteingesessene und solide Maurerfirmen, die beim heutigen Wettbewerb auch schlüsselfertiges Bauen anbieten.

Inkompetente Hausverkäufer

Sollten Sie bei Ihren Kaufvertragsverhandlungen den Eindruck gewinnen, dass ein Hausverkäufer mehr am Vertragsabschluss interessiert ist und weniger an einer fachmännischen Kundenberatung, kann dies ein Hinweis hierfür sein, dass er auf Provisionsbasis arbeitet. Hausverkäufer sind oftmals Angestellte von Bauunternehmen, die mit der späteren Bauausführung nichts mehr zu tun haben. Mit ihnen erzielte Verhandlungsergebnisse beispielsweise über den Festpreis oder über das Leistungsangebot bedürfen auch meistens noch der nachträglichen Zustimmung des Firmeninhabers, damit ein Vertrag überhaupt zustande kommt.

Für den Bauherrn tritt ein Zeitverlust ein, wenn der Bauträger mühsam ausgehandelte Zugeständnisse des Hausverkäufers nicht akzeptiert. Das ist aber weniger tragisch, als wenn Sie dem verkaufsseitigen Argument „Hausbau erfordert gegenseitiges Vertrauen, da kann nicht jedes Detail aufgeschrieben werden" blindlings vertrauen und einen Vertrag unterschreiben, in dem die mündlichen Zusagen des Verkäufers nicht mit enthalten sind.

Es soll Fälle gegeben haben, wo Bauherren sich bei der Baudurchführung auf mündliche Zusagen des Hausverkäufers berufen wollten und dieser in dem Unternehmen nicht mehr tätig war, „weil es immer wieder Ärger mit Kunden gegeben hat". Der Bauträger wird sich im Streitfall meistens obsiegend auf den unterschriebenen Vertrag berufen, und der Bauherr hat das Nachsehen.

FALLSTRICK: ***Bei Hausverkäufern, die auf Provisionsbasis arbeiten, ist die Gefahr falscher Versprechungen besonders groß. Sie haben meistens nur geringe Vollmachten für vertragliche Festlegungen.***

■ Darum sollten Sie sich Ihren Verhandlungspartner danach aussuchen, ob er Sachkenntnis besitzt und Entscheidungen treffen kann. Ein angestellter Verkäufer wird in erster Linie den Abschluss des Vertrages verfolgen und nicht die Beratung des Bauherrn.

Geschönte Referenzlisten

Nur finanzkräftige Bauträger können es sich leisten, von Geschäftsbeginn an zu Werbezwecken Musterhäuser bereitzuhalten. Andere verweisen die Interessenten an ehemalige Kunden, mit denen vereinbart worden ist, dass sie ihre neugebauten Häuser eine Zeit lang für Besichtigungen zur Verfügung stellen und Auskunft über eigene Erfahrungen mit dem Bauträger geben.

Von Bauträgern aufgestellte Referenzlisten beinhalten erfahrungsgemäß nur Kunden, die vollauf zufrieden sind und an der Leistung des Bauträgers nichts auszusetzen haben. Oder Bauherren, die für „freundliche" Auskünfte noch Extras oder besondere Vorteile – etwa über den Rahmen der Gewährleistung hinaus – erwarten und bekommen sollen. Wer Referenzadressen eher skeptisch gegenübersteht und dies während der Verhandlungen äußert, dem wird aus psychologischen Gründen manchmal sogar eine komplette Kundenliste zum Notieren beliebiger Anschriften dargeboten. Hierbei ist daran zu denken, dass die umfassendere Liste ebenfalls nicht unbedingt vollständig sein muss. Kunden, die unzufrieden sind, werden in den Vorzeigelisten von Bauträgern mit ziemlicher Gewissheit nicht stehen.

***FALLSTRICK:* Referenzlisten von Bauträgern können Blendwerk sein, wenn darin nur zufriedene Bauherren aufgeführt sind oder solche, denen für werbende Auskünfte eine Belohnung oder Abschlussprämie versprochen worden ist.**

■ Da ehemalige Kunden wichtige Informationsquellen über einen Bauträger sein können, ist es wichtig, auch jemanden zu finden, der nicht auf der Referenzliste des Bauträgers steht. Fragen Sie die Leute, die sie besuchen, nach weiteren Bauherren, die den gleichen Bauträger hatten. Oder sprechen Sie Leute aus der Baubranche an: Architekten, Bauzeichner und Handwerker kennen die schwarzen Schafe der Branche meistens ganz genau.

Tönerne Festpreisangebote

Die marktübliche Zeitungswerbung von Bauträgern beschränkt sich im Allgemeinen auf Angaben über die Wohnfläche und den Festpreis für schlüsselfertige Häuser. Einige Bauträger heben dann und wann in ihren Inseraten auch anziehungskräftige Vorzüge aus dem Leistungsverzeichnis hervor oder machen Einschränkungen des Angebots mit Formulierungen wie „ab Oberkante Kellerdecke" oder „ausgenommen Teppich- und Malerarbeiten".

Aufgrund der Werbung bekommt der Adressat in der Regel den Eindruck, für wenig Geld gleich von mehreren Anbietern ansprechende Häuser erhalten zu können. Denn um möglichst viele Bauinteressenten auf das eigene Angebot aufmerksam zu machen, werden die Festpreise für schlüsselfertige Häuser von vielen Bauträgern niedrig ausgewiesen. Dass der Preiskampf unter Bauträgern jedoch vor allem auf dem Papier stattfindet, wird deutlicher beim Studium und Vergleich von Baubeschreibungen, die die Qualität der Materialien und Einbauten ausweisen. Dann zeigt sich, dass Bauträger mit Dumpingpreisen oftmals nur abgespeckte Leistungsangebote vorweisen können und wahrscheinlich außerdem von Sonderwünschen profitieren wollen, die zahlreiche Kunden viel zu spät erst während der Bauphase äußern, nachdem ihnen aufgegangen ist, was an Einrichtungen und Ausstattungen des Hauses im Leistungsverzeichnis fehlt, aber unbedingt noch benötigt wird. Einzelbeispiele dazu werden an anderer Stelle als Fallstricke behandelt.

***FALLSTRICK:* Verlockend niedrige Festpreise bei Angeboten für schlüsselfertige Häuser korrespondieren meistens mit geringen Leistungen.**

■ Ob Festpreise für schlüsselfertige Häuser wirklich günstige Angebote darstellen, ist nur anhand von Baubeschreibungen feststellbar. Die übliche Werbung sagt über das wahre Preis-Leistungs-Verhältnis wenig aus.

Musterhaus-Mogelpackung

Auf der Suche nach geeigneten Haustypen wollen viele Bauwillige nach einer Vorauswahl im Prospekt die Musterhäuser der Bauträger besichtigen, um sich von den Wohn- und Nutzungsmöglichkeiten infrage kommender Objekte einen unmittelbaren Eindruck zu verschaffen. Musterhäuser werden zu Werbezwecken erstellt und entsprechen ihrem Anschein nach meistens dem Grundtyp aus dem Katalog.

Um auf Besucher einen guten Eindruck zu erwecken, werden Musterhäuser in der Regel ansprechend hergerichtet und möbliert. Dass die einladende Haustür, der wuchtige Kamin, die Armaturen in Bad und WC oder die zum Obergeschoss führende Eichenholztreppe „leider" nicht im Festpreis des Regelangebots inbegriffen sind, versteht sich „von selbst". Ist es aber ebenso offenkundig, wenn das Musterhaus einen halben Meter länger und/oder breiter ist als sein scheinbar gleichwertiges Abbild aus dem Katalog? Oder wenn der Keller eine lichtere Höhe aufweist und sogar bewohnbar aussieht?

Sicher nicht! Geringfügige Abweichungen bei den Abmessungen fallen nur dem geschulten Auge des Fachmanns auf. Dem Laien dagegen erscheint das Musterhaus in Wirklichkeit viel geräumiger als nach der Grundrissskizze vorgestellt und dieser oftmals nur unterbewusste Eindruck weckt das Interesse oder beeinflusst die Auswahlentscheidung mit.

***FALLSTRICK:* Musterhäuser sind Mogelpackungen, wenn sie größer sind als ihr Grundriss im Prospekt und Bauteile enthalten, die im Leistungsverzeichnis für den Grundpreis fehlen.**

■ Wer ein Musterhaus besichtigt, sollte nach den Abweichungen zur „Standard-Version" fragen und sich nach dem Preis des Musterhauses in der vorliegenden Ausstattung erkundigen, um ihn mit dem Grundpreis aus dem Katalog vergleichen zu können.

Standard-Bauverträge

Einige Unternehmen verwenden Klauseln und Formulierungen in ihren Standard-Bauverträgen, die nach dem Gesetz zum Recht der Allgemeinen Geschäftsbedingungen (AGB-Gesetz), das Käufer vor Fallstricken im Kleingedruckten von Verträgen schützen soll, unzulässig sind. Ob ihre Verwendung durch den jeweiligen Bauträger mit Absicht oder unwissentlich erfolgt, mag dahingestellt bleiben, weil in jedem Fall diejenigen Auftraggeber benachteiligt werden, die über keine juristischen Kenntnisse verfügen und das AGB-Gesetz nicht kennen. Denn viele Menschen meinen, für das, was sie unterschrieben haben, die Folgen tragen zu müssen, auch wenn sie hinterher feststellen, dass sie mit Raffinesse von ihrem Vertragspartner übervorteilt worden sind.

Nach dem AGB-Gesetz und der dazu ergangenen verbraucherfreundlichen Rechtsprechung ist es zum Beispiel gesetzwidrig, wenn Bauträger die Verbindlichkeit von Lieferfristen und Terminen vertraglich ausschließen wollen oder sich vorbehalten, selber entscheiden zu können, ob bei Baumängeln nachgebessert oder der Kaufpreis gemindert wird. Die vorstehenden und in Bauverträgen häufig gebrauchten Beschränkungen sind nur zwei Beispiele von vielen Möglichkeiten, die einzelne Bauträger nutzen, um sich selber Vorteile zu verschaffen, immer vorausgesetzt, der Auftraggeber und Bauherr kennt sich in der Rechtsmaterie nicht aus.

<u>FALLSTRICK:</u> Mit manchen Vertragsbestimmungen verstoßen einige Bauträger gegen das AGB-Gesetz, was zur Folge hat, dass etliche Auftraggeber die Vereinbarung erfüllen, weil sie die Rechtswidrigkeit nicht erkennen.

■ Prüfen Sie jeden Vertrag durch, ob er gegen das AGB-Gesetz verstößt, oder beauftragen Sie gegebenenfalls einen Rechtsanwalt damit, herauszufinden, welche Klauseln dem Bauträger zum Vorteil gereichen sollen, obwohl sie unzulässig sind. Auf diese Weise erkennen Sie, mit wem Sie es auf der anderen Seite zu tun haben.

Generalübernehmerhaus

Vom so genannten Generalübernehmermodell ist die Rede, wenn dem Bauherrn der Kauf des Grundstückes von einem Dritten (in der Regel von der Gemeinde, die mit dem Anbieter Absprachen getroffen hat) und der Abschluss eines Bauvertrages, der meistens auf die schlüsselfertige Errichtung des Hauses zu einem Festpreis abzielt, aus einer Hand angeboten wird. Der Generalübernehmervertrag besteht mithin aus zwei eigenständigen Verträgen: einem Grundstückskaufvertrag mit dem Veräußerer des Baugrundstücks und einem Bauvertrag mit dem Generalübernehmer, die nur gemeinsam abgeschlossen werden können.
Das Generalübernehmermodell ist für viele Bauherren verlockend, weil sie dadurch die Grunderwerbsteuer für die Gebäudekosten sparen, da das Haus nicht gekauft, sondern im Auftrage errichtet wird.

Der Nachteil ist, dass Generalübernehmermodelle ohne behördliche Erlaubnis und Überwachung von jedermann durchgeführt werden können, weil die Berufszulassungsregel des § 34c der Gewerbeordnung (GewO) und die Makler- und Bauträgerverordnung (MaBV) mit ihrem Auftraggeberschutz nur für Baubetreuer und Bauträger gilt. Und der Generalübernehmer ist nach vorherrschender Meinung der Juristen weder das eine noch das andere.

<u>FALLSTRICK:</u> Generalübernehmermodelle führen zur Ausschaltung des Käuferschutzes nach den Vorschriften der GewO und der MaBV.

■ Da die behördliche Zulassungsprüfung gemäß § 34c GewO (der Antragsteller muss unbescholten und zuverlässig sein, dazu in geordneten wirtschaftlichen Verhältnissen leben) durch analoge Bestimmungen im Bauvertrag nicht ersetzt werden kann, ist bei der Auswahl des Anbieters besondere Vorsicht geboten.

Außerdem sollten die Schutzvorschriften aus der Makler- und Bauträgerverordnung zur Absicherung des Erwerbers in den Bauvertrag mit aufgenommen werden.

Ausschluss vom gesetzlichen Käuferschutz

Weil zahlreiche Bauträger mittels haltloser Versprechungen und unter Vortäuschung falscher Tatsachen von Dutzenden von Bauherren Anzahlungen eingesammelt haben, um mit dem Geld ins Ausland zu verschwinden, erließ der Gesetzgeber im Jahre 1973 zwei Vorschriften zu Gunsten der privaten Käufer, den § 34c der Gewerbeordnung (GewO) und die Makler- und Bauträgerverordnung (MaBV). Nach der Makler- und Bauträgerverordnung ist jeder Bauträger zu einer getrennten Vermögensverwaltung verpflichtet, wonach er private Gelder und Kundengelder auseinander halten muss. Außerdem sind darin noch eine Vielzahl weiterer Sicherungspflichten festgelegt, damit der Bauherr seine Anzahlungen bei einer möglichen Pleite oder dem Verschwinden des Bauträgers nicht verliert.

Ein Trick ermöglicht leider, diese gesetzgeberischen Sicherungsmaßnahmen für den Käufer zu umgehen, indem der Bauträger Grundstücksverkauf und Bauvertrag aufsplittet. Der Bauträger vermittelt den Kauf des Grundstückes von einem Dritten und bietet zugleich einen Bauvertrag an, wobei nur beide Verträge gemeinsam angenommen werden können. Juristisch liegt bei dieser Konstruktion weder Bauträgerschaft noch Baubetreuung vor und der Bauträger unterliegt nicht mehr den strengen Vorschriften der MaBV.

Hierbei wird der Käufer von dem Bauträger meistens nur auf den Vorteil aus dieser Vereinbarung hingewiesen, wonach er die 3,5% Grunderwerbsteuer für die Gebäudekosten spart.

***FALLSTRICK:* Der Bauträger verändert seinen Rechtsstatus, indem das Gesamtgeschäft in den Grundstückserwerb und einen Bauvertrag aufgespalten wird, weil er dann nicht mehr den strengen Vorschriften der MaBV unterliegt.**

■ In diesem Fall muss sich der Erwerber durch entsprechende Klauseln im Vertrag selber schützen und einen guten Rechtsanwalt zu Rate ziehen.

Kurze Gewährleistungsfristen

Nach Fertigstellung des Hauses beginnt die Gewährleistungsfrist zu laufen und innerhalb dieser Frist kann der Bauherr Gewährleistungsansprüche an den Bauträger stellen. Die Länge der Gewährleistungsfrist hängt von der Vereinbarung im Bauträger-Vertrag ab. Ist darin die VOB (B) – Verdingungsordnung für Bauleistungen – als Rechtsgrundlage angegeben, dauert die Gewährleistungsfrist zwei Jahre. Wurde der Bauträgervertrag als Werkvertrag abgeschlossen, beträgt die Gewährleistungsfrist nach dem BGB – Bürgerliches Gesetzbuch – fünf Jahre. Ist der Bauträger-Vertrag ein Kaufvertrag, läuft die Gewährleistungspflicht nach Kaufrecht nur ein Jahr.

Der Anlass für Bauträger, mit Bauinteressenten eine kurze Gewährleistungsfrist zu vereinbaren, ist aus deren Sicht nur verständlich: In den ersten ein bis zwei Jahren nach Fertigstellung eines Hauses treten in der Praxis weniger Baumängel auf als innerhalb der Fünfjahresfrist.

Bauträger stehen zuweilen auf dem Standpunkt, dass zur Regelung der Gewährleistung die VOB als spezielle, von daher dem BGB vorgehende Vorschrift anzuwenden sei und der Gesetzgeber für Bauleistungen die kürzere Frist von zwei Jahren vorgesehen habe. Das stimmt natürlich nicht. Im Wege der Vereinbarung kann eine Gewährleistungsfrist von fünf Jahren nach BGB vereinbart werden. So auch in Verträgen mit einzelnen Handwerkern für Gewerke, die im Bauträgervertrag nicht mit aufgeführt sind.

***FALLSTRICK:* Eine zweijährige Gewährleistungsfrist nach VOB ist für die Behebung vieler Baumängel unzureichend, weil gravierende Mängel in der Praxis häufig erst nach Ablauf von zwei Jahren auftreten.**

■ Vereinbaren Sie nach Möglichkeit eine Gewährleistungsfrist von fünf Jahren nach BGB in Ihrem Bauträgervertrag und sichern Sie sich diese Frist ebenfalls in allen Verträgen, die Sie mit anderen Handwerkern zusätzlich zum Bauträgervertrag abschließen.

Zweifelhafte Bauzeitgarantien

Für den Fall, dass aufgrund der Auftragslage oder aus anderen Gründen mit den Bauherren vereinbarte Fertigstellungstermine nicht eingehalten werden können, verwenden einige Bauträger in ihren Verträgen unauffällige Formulierungen, wodurch infolge von Umständen, die in der Verfügungsgewalt des Bauträgers liegen, Fertigstellungstermine hinausgeschoben werden können. Oder sie machen, um eine weitere Variante zu nennen, das Einhalten der Bauzeitgarantie vom Erfüllen der Vertragspflichten von Bauherren abhängig, die von diesen während der Baudurchführung leicht übersehen werden können.

Eine häufig anzutreffende Formulierung, durch die sich Bauträger heimlich Handlungsspielräume verschaffen können, lautet: „Das Haus wird in fünf Monaten nach Erteilung der Baugenehmigung fertig gestellt". Bei drangvoller Auftragslage können Bauträger durch den Passus viel Zeit gewinnen, indem sie die Baugenehmigung später beantragen oder die Bearbeitung des Bauantrages bei der Baugenehmigungsbehörde absichtlich durch strittige Berechnungen beziehungsweise fehlende Anlagen in die Länge ziehen, wobei ihnen ein Verschulden selten nachzuweisen ist.

Noch wertloser für den Bauherrn sind Formulierungen, bei denen es überhaupt keinen Anfangstermin gibt, von dem an die Fertigstellungsfrist zu laufen beginnt: „Das Haus wird in acht Monaten fertiggestellt". Oder wenn der Bauträger den Anfangstermin selber bestimmen kann: „Das Haus wird in sechs Monaten nach dem Ausheben der Baugrube fertig gestellt".

***FALLSTRICK:* Viele Bauträger stehlen sich mit schlüpfrigen Formulierungen aus der Bauzeitgarantie heraus.**

■ Am sichersten ist, Sie vereinbaren einen festen Termin, zu dem das Haus bezugsfertig sein muss. Oder einen konkreten Tag für den spätesten Fristbeginn bei anderen Koppelungstatbeständen.

Nachträgliche Festpreiserhöhung

Festpreise müssen ein fester Bestandteil in jedem Bauvertrag sein und trotzdem wollen viele Bauträger aufgrund von Bestimmungen sich die Möglichkeit offen halten, ursprünglich vereinbarte Festpreise noch wieder ändern zu können. Dass eine spätere Erhöhung des Festpreises für Bauherren, die ihre Finanzierung darauf abgestellt haben, existenzielle Folgen haben kann, daran denken beim Vertragsabschluss nur wenige, weil die im Bauvertrag genannten Voraussetzungen für eine Festpreisänderung eher unwahrscheinlich sind. Kaum jemand geht ernsthaft davon aus, dass es zum Beispiel im Büro des Bauträgers brennt beziehungsweise dass das Unternehmen oder wichtige Zulieferer bestreikt werden, was die üblichen Klauseln sind, wonach Erhöhungen des Festpreises gerechtfertigt sein sollen.

Leider gibt es unter Bauträgern auch unseriös arbeitende Unternehmen, die innerhalb kurzer Zeiträume mit allen Mitteln einen möglichst hohen Gewinn erwirtschaften wollen, selbst auf die Gefahr hin, dass ihr schlechter Ruf öffentlich bekannt wird und neue Kunden ausbleiben. Insbesondere bei solchen Firmen muss damit gerechnet werden, dass alle Eventualitäten des Vertrages eingemünzt werden sollen, wobei die nachträgliche Änderung des Festpreises oft mit im Vordergrund der Bemühungen steht. Unabhängig davon sollte nicht ausgeschlossen werden, dass auch bei anderen Bauträgern auf einmal an sich unvorstellbare Ereignisse eintreten können und zusätzliche Ansprüche entstehen.

<u>FALLSTRICK:</u> Manche Bauträger sehen in ihren Bauverträgen Tatbestände für eine nachträgliche Festpreiserhöhung vor.

■ Für die nachträgliche Erhöhung von Festpreisen gibt es nur wenige außergewöhnliche Gründe, die durch Bauvertrag nicht im Geschäfts- oder Risikobereich des Bauträgers liegen dürfen. Es ist nicht einzusehen, warum der Bauherr beispielsweise für einen Brandfolgeschaden im Büro des Bauträgers einstehen soll.

Einseitige Vertragsstrafen

Bauträger haben für die Geltendmachung von Ansprüchen manchmal ganz unscheinbare Bestimmungen in ihren Bauverträgen stehen. Klauseln dieser Art beinhalten zum Beispiel, dass der Fertigstellungstermin des Hauses hinfällig wird, wenn der Auftraggeber einer ihm obliegenden Vertragspflicht, etwa dem Bereitstellen von Bauwasser und Strom, nicht rechtzeitig nachkommt. Kleine Unachtsamkeiten sind oft schon Grund genug, dass der Bauträger an den vereinbarten Festpreis nicht mehr gebunden ist und Nachschläge fordern kann. Eine weitere Bestimmung zu Gunsten des Bauträgers ist die vertragliche Verpflichtung des Auftraggebers, eine prozentuale Entschädigung vom Festpreis zahlen zu müssen, wenn das Geschäft aufgrund von Umständen, die dieser zu vertreten hat, nicht zur Abwicklung gelangt.

Was in vielen Standardverträgen von Bauträgern indes fehlt – und von den meisten Bauherren auch nicht verlangt wird –, sind Regress- und Vertragsstrafenregelungen in Fällen, wo Bauträger die ihnen obliegenden Pflichten verletzen. Ein Beispiel mit Folgen: Wenn Häuser nicht termingemäß fertig gestellt sind, werden Bauträger erst durch eine entsprechende Klausel gedrängt, das Bauvorhaben zur Vermeidung weiterer Vertragsstrafen baldmöglichst abzuschließen. Und im Falle von Bauherren, bei denen die Mietwohnung pünktlich geräumt werden muss, kann die Entschädigungspflicht ihrer Bauträger für jeden Tag der verspäteten Herstellung ein beruhigendes Pfand für eine vorzugsweise Behandlung sein.

<u>FALLSTRICK:</u> Bauträger sehen in ihren Verträgen einseitige Vertragsstrafen für ihre Auftraggeber vor – und schonen sich selbst.

■ Nach der Rechtsprechung können Sie für jeden Tag verspäteter Herstellung eine Vertragsstrafe in Höhe von 0,3% der Auftragssumme (ohne Mehrwertsteuer), höchstens jedoch 10% der Nettovertragssumme vereinbaren.

Fehlende Sicherheitsleistungen

Die Bezahlung von Bauträgern erfolgt in der Regel in Raten, begleitend zum Fortschritt des Bauvorhabens, und viele Bauträger orientieren sich an der Makler- und Bauträgerverordnung, weil danach der Restbetrag gezahlt werden muss, wenn das Haus fertig gestellt ist. Das Geschäft „Ware gegen Geld" leuchtet vielen Bauherren so sehr ein, dass sie darüber vergessen, noch einen Teil des Festpreises bis zum Ablauf der Gewährleistungsfrist zur eigenen Sicherheit als Druckmittel gegenüber dem Bauträger einzubehalten. Denn der Bauträger kann zwischenzeitlich in Konkurs gehen oder kommt seinen Verpflichtungen aus der Gewährleistung nicht nach, was dazu führen kann, dass der Bauherr selber für die Mängelbeseitigung aufkommen muss – aber infolge der einbehaltenen Sicherheitsleistung keinen finanziellen Schaden erleidet. Darum versuchen die meisten Bauträger, der Forderung von aufmerksamen Bauherren, eine Sicherheitsleistung bis zum Ablauf der Gewährleistungsfrist zu vereinbaren, mit eigenen Argumenten entgegenzutreten. Zum Beispiel mit der Befürchtung, dass der Bauherr das Geld ausgeben und nach Ablauf der Gewährleistungsfrist nicht zurückzahlen kann. Weiter, dass der Bauträger einen vollen Anspruch auf Bezahlung hat und das Einbehalten einer Sicherheitsleistung noch nicht einmal nach der Ratenzahlungsweise der Makler- und Bauträgerverordnung vorgesehen ist, die immerhin zum Schutz der Bauherren erlassen wurde.

***FALLSTRICK:* Die Absicherung der Gewährleistungsansprüche von Bauherren ist in vielen Bauverträgen nicht vereinbart.**

■ Eine gute Lösung für beide Seiten ist, im Bauvertrag zu vereinbaren, dass der Auftragnehmer dem Auftraggeber eine selbstschuldnerische, unbefristete und schriftliche Bürgschaft eines Kreditinstituts in Höhe von 5% der Abrechnungssumme aushändigt, wodurch die Bank garantiert, dass der Bauträger seinen Zahlungsverpflichtungen aus der Gewährleistung nachkommen wird.

Betreten der Baustelle verboten

Schilder und sonstige Hinweise, die das Betreten von Baustellen untersagen, sollen – außer dem Schutz des Eigentums zu dienen – auch Unfälle verhüten helfen. Dieser Hauptzweck des Verbots wird als allgemein bekannt vorausgesetzt – weniger bekannt ist indessen, dass der Bauträger dem Auftraggeber (!) ebenfalls den Zutritt zur Baustelle verweigern kann, je nachdem, ob eine diesbezügliche Klausel im Bauvertrag bestimmt, dass der Auftraggeber bis zur Schlüsselübergabe auf der Baustelle nichts zu suchen hat. Manche Bauträger „verstecken" diesen Passus im Kleingedruckten ihrer Verträge, weil sie nicht wollen, dass ihre Auftraggeber die Arbeiten auf der Baustelle ständig überwachen und kontrollieren, um so häufig auftretende Baumängel entdecken zu können. Man denke nur an die rechtzeitige Reklamation einer schadhaften oder fehlenden Isolierung von Leitungsrohren, bevor der Estrich verlegt wird und die Rohre überdeckt.

Ein in diesem Zusammenhang wichtiger Hinweis für die Auftraggeber ist, dass sie keinerlei Weisungsrechte gegenüber den Subunternehmern des Bauträgers haben, und die Handwerker ihnen gegenüber keine Auskünfte erteilen brauchen, was auf Verlangen des Bauträgers von diesen befolgt wird. Der Grund für die Geheimniskrämerei ist folgender: Handwerker (zum Beispiel Fliesenleger) weisen aus Verärgerung über Arbeitserschwernisse häufig auf den Pfusch anderer Firmen (zum Beispiel Estrichleger) hin, woraufhin erst der Bauherr die Mängel erkennt – und dem Bauträger anzeigt.

<u>FALLSTRICK:</u> Mancher Bauträger schließt die Mitwirkung des Bauherren bis hin zum Betreten der Baustelle und die Erteilung von Auskünften durch Handwerker aus.

■ Vereinbaren Sie im Bauvertrag, dass Sie und andere Personen – zum Beispiel Sachverständige – die Baustelle jederzeit betreten dürfen und dass alle Handwerker (eigene Angestellte und Subunternehmer) zur Erteilung von Auskünften verpflichtet sind.

Bauabnahme

Wenn einzelne Gewerke erbracht sind, oder das komplette Bauvorhaben fertig gestellt ist, findet – gemeinsam mit dem Bauherrn – eine Abnahme statt, bei der ein schriftliches Abnahmeprotokoll angefertigt und von beiden Seiten unterschrieben wird, in dem alle festgestellten Mängel aufgelistet sind. Der Bauherr hat freilich das Recht, die von Handwerkern und Bauträgern verlangte Abnahme zu verweigern, solange der Auftrag nicht ausgeführt ist oder wenn noch wesentliche Mängel vorliegen, zum Beispiel wenn das Badezimmer nicht benutzt werden kann, weil die Bodenfliesen noch nicht verlegt sind oder die Heizung nicht funktioniert.

Einige Bauherren gehen die Bauabnahme ihres Hauses oder die Abnahme von Leistungen einzelner Handwerker eher „locker" an, bemerken viele Mängel nicht, bauen hingegen aber auf mündliche Versprechen von Unternehmen, die festgestellten Mängel alsbald zu beseitigen, und verzichten sogar auf ein schriftliches, von beiden Seiten unterschriebenes Abnahmeprotokoll. In Wirklichkeit verhalten sie sich falsch und gehen nur leichtsinnig mit ihren Rechten um, weil mit der Bauabnahme die Verjährungsfrist für die Gewährleistung zu laufen beginnt, die letzte Zahlungsrate fällig wird und – vielleicht am wichtigsten –, sich die Beweislast umkehrt, was bedeutet, dass der Bauherr dem Handwerker oder Bauträger fortan beweisen muss, dass Mängel und Schäden von diesem verursacht wurden und nicht von ihm selber zu vertreten sind.

<u>FALLSTRICK:</u> Unbedachtes Handeln, etwa der Bezug des Hauses oder die Zahlung der letzten Rate, kann die Bauabnahme – mit allen Folgen – bedeuten, wenn kein Abnahmeprotokoll angefertigt worden ist.

■ Nehmen Sie die Abnahme von Bauleistungen vor dem Hintergrund der damit verbundenen Konsequenzen sehr ernst und halten Sie alle festgestellten Mängel in einem Abnahmeprotokoll fest, das von beiden Seiten unterschrieben wird.

Standard-Baubeschreibungen

Die Leistungsverzeichnisse der meisten Bauträger sind standardmäßige Beschreibungen ihrer Angebote, bezogen auf Festpreise für die Erstellung schlüsselfertiger Häuser. Wer sich mit Baubeschreibungen beschäftigt, wird bald feststellen, dass die Angebote vieler Bauträger erst vervollständigt werden müssen, wenn die Lücken nicht zu Mehrkosten in der Bauphase führen sollen. Das Nebeneinanderstellen verschiedener Baubeschreibungen macht deutlich, anhand welcher „Nichtleistungen" der einzelne Bauträger außerdem Geld verdienen möchte: am Abfluss im Keller, an der Bodenbeleuchtung, am Verlegen von Hausanschlussleitungen, an Wanddurchlässen für Dunstabzug und Wäschetrockner, am Schutzfilter hinter der Wasseruhr, am Füllsand unter der Garage, an Rückstauanlagen, an der Außenleuchte mit Bewegungsmelder, an Rollläden, an der Sicherheitsverriegelung der Haustür, am Schonsteinzug für den Kamin, an Wasser und Strom während der Bauphase, an der Verlegung von Leerrohren, am Dachausstiegsfenster oder an zusätzlichen Schaltern und Steckdosen, um nur einige Beispiele zu nennen.

Viele Bauwillige denken nicht einmal daran, dass Baubeschreibungen lückenhaft sein können, und erleben hinterher ein böses Erwachen, wenn über den (niedrigen) Festpreis hinaus weitere Kosten in vier- bis fünfstelliger Höhe für „Sonderleistungen" entstehen, die bei anderen Bauträgern zum Standard gehören.

<u>FALLSTRICK:</u> Die Standard-Baubeschreibungen vieler Bauträger sind lückenhaft, was zu Mehrkosten während der Bauphase infolge von Sonderleistungen führen kann.

■ Sie können Lücken in Baubeschreibungen erkennen, indem Sie die Leistungsverzeichnisse mehrerer Bauträger miteinander vergleichen. Das beste Leistungsverzeichnis ergänzen Sie anschließend aus dem Fundus weiterer Baubeschreibungen, bevor Sie das Ergebnis mit dem Bauträger verhandeln.

Sonderwünsche

Ein Rechtsanwalt erteilte einem Bauherrn den folgenden Ratschlag: „Beim Hausbau mit einem Bauträger können Sie sehr viel Geld sparen, wenn das Leistungsverzeichnis vollständig ist und Sie Ihrer Frau untersagen, auf der Baustelle herumzulaufen."

Auch wenn der Anwalt den zweiten Halbsatz nicht so ernst gemeint haben sollte, beinhaltet das Beispiel einen nicht von der Hand zu weisenden Ratschlag für alle Bauwilligen, nämlich, dass nachträgliche Änderungen am Haus und außerplanmäßige Ausstattungen tendenziös erhöhte Kosten verursachen können, da sie Sonderwünsche sind, für die manche Bauträger mit allerlei Begründungen, wie dem Erfordernis zusätzlicher Gespräche mit Handwerkern, „extra" zulangen. Hierbei können die Bauherren meistens nicht beurteilen, ob die vom Bauträger in Rechnung gestellten Mehrkosten tatsächlich gerechtfertigt sind. Denn nicht immer entsteht bei Sonderwünschen eine unzumutbare Mehrbelastung des Bauträgers, wofür er ein Sonderhonorar verlangen kann. Ärgerlich ist ebenso, wenn nachträgliche Ausstattungen vom Bauträger zu teuer angesetzt werden. Zum Beispiel in dem gerichtsanhängigen Fall, wo eine Hausklärgrube vom Bauträger zum mehrfachen (!) Einkaufspreis nachgeliefert wurde, was dem Bauherrn später zufällig bekannt geworden ist.

<u>FALLSTRICK:</u> Nachträgliche Änderungen und Ergänzungen aufgrund von Sonderwünschen können unverhältnismäßig hohe Mehrkosten verursachen.

■ Ihre Planung sollte abgeschlossen sein, damit nachträgliche Änderungen am Haus und seiner Ausstattung weitestgehend vermieden werden. In jedem Fall ist es empfehlenswert, für bestimmte Ausstattungen (jede weitere Steckdose, nachträgliche Wahl von Fliesen usw.) im Bauträgervertrag Festpreise zu vereinbaren. Ansonsten müssen Sie die Mehrkosten für nachträgliche Wünsche vorher genau aushandeln.

Händlerrabatte für Bauträger

Tüchtige Bauträger nutzen die Möglichkeit und handeln beim Einkauf von Baustoffen gezielt Preisnachlässe aus – je nach Material und Hersteller bis zu 30%. Wenn die Bauträger bestimmte Gewerke selber ausführen, haben die Bauherren keine Chance, an den Rabatten von Händlern und Lieferanten des Baumaterials zu partizipieren. Ebenso wenig bei einigen, in Baubeschreibungen üblicherweise zur Auswahl gestellten Materialien, beispielsweise bei Bodenfliesen bis maximal 35 DM/m^2. Der Grund ist, weil nicht die Bauherren, sondern die Bauträger dem Händler die Rechnungen (mit Skonto und Rabatt) bezahlen. Und viele Bauträger haben mit einem oder mehreren Baustoffhändlern, die sie gut kennen und ihren Bauherrn regelmäßig und dringend zur Auswahl von Baumaterial weiterempfehlen, Sondervereinbarungen über Extra-Preisnachlässe für alle auf diesem Wege zustande kommenden Geschäfte getroffen. Auf das vorgenannte Beispiel mit den Bodenfliesen bezogen, ist denkbar, dass ein Bauträger 28 DM/m^2 bezahlt und seinem Bauherrn über den Festpreis 35 DM/m^2 in Rechnung stellt. Die Differenz ist sein Gewinn am Einkauf des Bauherrn – ohne selber Aufwendungen gehabt zu haben.

Bauherren, die das Rabattsystem der Bauträger und ihr Beziehungsgeflecht zu Baumärkten und Baustoffhändlern nicht kennen, werden, sobald sie beim Händler erklären (müssen), dass die Rechnung an den Bauträger gehen soll, infolge der geschäftsüblichen Verfahrensweise umsonst versuchen, auf den Materialpreis selber Skonto und Rabatte eingeräumt zu bekommen.

***FALLSTRICK:* Bauträger verdienen anstelle von Bauherren an Preisnachlässen der Baustoffhändler beim Einkauf von Baumaterial.**

■ Um Skonto und Rabatte in die eigene Tasche stecken zu können, müssen Sie versuchen, Materialeinkäufe aus der Baubeschreibung des Bauträgers herauszunehmen.

Mangelnde Bauüberwachung

Durch eine strikte Kontrolle und Überwachung von Handwerkern kann „Pfusch am Bau" vermieden werden, und zwar unabhängig davon, ob ein Haus in Eigenregie, durch Architekten oder von Bauträgern erstellt wird. Der Haken ist: Eine ordentliche Bauleitung macht Mühe, ist zeitraubend und verursacht mithin erhöhte Aufwendungen, vornehmlich Personalkosten, die einige Architekten und viele Bauträger dadurch einsparen wollen, indem sie – wie häufig zu bemerken ist – durch (einen) angestellte(n) Bauleiter fünfzig und mehr Baustellen gleichzeitig betreuen lassen. Es soll auch Bauträger geben, die personell mit einer Schreibkraft und einem Bauleiter (neben dem Inhaber) ausgestattet sind, rund 150 Hausbauten pro Jahr in einem Umkreis von mehr als 200 Kilometern bewältigen wollen, wodurch auf einzelnen Baustellen die Aufsicht überhaupt nicht mehr gewährleistet ist, wie sich jeder vorstellen kann.

Gleichzeitig ist damit die Frage beantwortet, warum so viele Bauherren beklagen, dass sie ihren Bauleiter während der Bauzeit häufig nicht erreichen können. Auf der Baustelle ist er ebenfalls nicht anzutreffen, obwohl es immer eine Reihe von Arbeiten und Dingen gibt, die vom Bauleiter unbedingt in Augenschein genommen werden müssen – wie zum Beispiel Wasserleitungen und Heizungsrohre, bevor der Estrich verlegt wird.

***FALLSTRICK:* Wenn die Bauleitung nicht konsequent ausgeübt wird, entsteht öfter „Pfusch am Bau" und viele Mängel werden vom Bauherrn nicht bemerkt.**

■ Fragen Sie Ihren Bauträger nach den Hausbauten, die er im Jahr abwickelt und wie viele Bauleiter er beschäftigt. Von dem Zahlenverhältnis können Sie auf den Umfang der Bauüberwachung und damit auch auf den übrigen Service während der Baudurchführung schließen. Am besten vereinbaren Sie im Leistungsverzeichnis sehr präzis, wie die Bauleitung aussehen soll.

Unzuverlässige Handwerker

Die sprichwörtliche „Unzuverlässigkeit bei Handwerkern" wird zum Albtraum vieler Bauherren, wenn sie in absehbarer Zeit aus ihrer gekündigten Wohnung ausziehen müssen und sich auf der Baustelle trotz aller Versprechungen und wiederholter Zusagen von Handwerkern nichts und niemand rührt und das Haus deswegen erst Wochen oder Monate später bezugsfertig wird – einschließlich der schon berücksichtigten Zeitreserve. Ein Grund für das Dilemma ist, dass manche Handwerker alle Aufträge annehmen, damit ihr Betrieb längerfristig ausgelastet ist, obwohl sie wissen, dass die Verpflichtungen nicht immer termingerecht erfüllt werden können. Leidtragende sind in erster Linie unerfahrene und gutgläubige Bauherren, insbesondere solche Menschen, die in ihrer Hoffnung auf eine gedeihliche Zusammenarbeit noch geduldig fragen und bitten, anstatt hart und ungehalten zu fordern, wenn ihnen bereits zum Weinen zumute ist.

Wer baut, muss auch mit gezielten Lügen rechnen. Etwa dergestalt, dass – sagen wir der Estrichleger – am Abend zuvor am Telefon noch glaubhaft versichert, am nächsten Morgen auf dem Bau endlich mit der Arbeit anzufangen und, so traurig es klingen mag, trotz aller Beteuerungen nicht erscheint. Was immer man davon halten mag, es kann sich diese Enttäuschung mit ein und derselben Firma öfter wiederholen, ohne dass jemals der Eindruck entsteht, dass dem Handwerker seine Unverschämtheit peinlich ist. Dabei ruhig zu bleiben, ist nicht immer einfach.

***FALLSTRICK:* Ein Fehler ist, sich beim Bauen gutgläubig auf die Zusagen von Handwerkern zu verlassen.**

■ Vertrauen Sie lieber einem Fertigstellungstermin im Vertrag nebst Strafe, wenn der Termin nicht eingehalten wird, anstatt den Versprechungen und Beteuerungen von Handwerkern zu glauben, die Sie später eventuell im Stich lassen.

Fehlerhafte Eigenleistungen

Was die Eigenleistungen von Bauherren bei der Baufinanzierung an Einsparungen usw. ausmachen können, wird im Fallstrick mit der Überschrift „Muskelhypothek" beschrieben. Auf dieser Seite geht es um bauliche Dinge. Außerdem um mögliche Auswirkungen von Eigenleistungen auf die Gewährleistungsansprüche von Bauherren gegenüber Handwerkern.

Um Baukosten einzusparen, wollen immer mehr Bauherren möglichst viele Eigenleistungen erbringen. Selbst dann, wenn sie über keine ausreichenden Fachkenntnisse verfügen, wagen sich mutige Bauherren sogar an schwierige Gewerke heran, für deren Bewältigung im Grunde genommen eine handwerkliche Aus- oder Vorbildung erforderlich ist. Dazu zählen, um nur einige Beispiele zu nennen, die Estrich-, Fliesen- und Elektroarbeiten, obwohl Letztere noch durch einen Fachbetrieb abgenommen werden müssen.

Durch stümperhafte Eigenleistungen werden viele ärgerliche Baumängel verursacht. Ganz zu schweigen von den Mehrkosten für die Mängelbeseitigung, wodurch der erhoffte finanzielle Vorteil der Eigenleistung teilweise oder manchmal ganz wieder aufgezehrt werden kann. Wenn das Haus von einem Bauträger errichtet werden soll, bewirken im Leistungsverzeichnis gestrichene Eigenleistungen, dass einzelne Bauträger den Bauherren wahrscheinlich keine Bauzeitgarantie geben. Außerdem können Handwerker bestimmte Baumängel, die sie im Rahmen der Gewährleistung beheben sollen, unter Umständen auf die Eigenleistungen des Bauherrn zurückführen, der im Falle einer zweifelhaften Abgrenzung von Eigen- und Fremdleistung in Beweisschwierigkeiten gerät.

***FALLSTRICK:** Viele Bauherren schätzen ihre handwerklichen Fähigkeiten falsch ein, und machen es den Bauunternehmen unter Umständen leicht, sich ihrer Gewährleistungspflicht zu entziehen.*

■ Eigen- und Fremdleistungen sollten Sie eindeutig trennen und nur Arbeiten ausführen, zu denen Sie handwerklich befähigt sind.

Bauträgerkonkurs

Geht ein Bauträger in Konkurs, stehen manche Bauherren mitunter von einem Tag zum anderen mit einem halb fertigen Haus da, müssen womöglich fristgerecht aus ihrer gekündigten Mietwohnung ausziehen und erfahren, dass die Fertigstellung des Bauvorhabens durch ein anderes Bauunternehmen viel teurer wird, als ursprünglich ermittelt worden ist, weil ihre bisherige Zahlungsweise nicht dem Wert der tatsächlich erbrachten Bauleistung entsprochen hat oder anders ausgedrückt, dass sie den Bauträger überzahlt haben und ihr Geld teilweise oder ganz verloren ist.

Die Makler- und Bauträgerverordnung schreibt Obergrenzen für Abschlagszahlungen vor, wonach viele Bauträger in ihren Verträgen eine für sie günstige Zahlungsweise vorsehen, die zum Beispiel so aussehen könnte, dass nach Beginn der Erdarbeiten bereits 20% des Gesamtpreises gezahlt werden müssen, obwohl – insbesondere bei Häusern von der Stange – dem Bauträger keine dementsprechenden Kosten für Zeichnung, Statik und Baugenehmigung bislang entstanden sind. Liegt der Baupreis bei genau 400000 DM, betragen 20% der Bausumme glatte 80000 DM, mithin eine stattliche Summe, für die der Bauherr während der Bauzeit für den Ernstfall keine Sicherheit hat.

***FALLSTRICK:* Viele Bauträger vereinbaren eine Zahlungsweise, die dem Wert der erbrachten Bauleistung nicht entspricht, mit der Folge, dass der Bauherr, wenn der Bauträger in Konkurs geht, den überzahlten Betrag ganz oder teilweise verlieren kann.**

■ Dieses Risiko können Sie vermeiden, wenn Sie die Zahlungsweise Ihrer Raten am Baufortschritt Ihres Hauses orientieren, oder – besser noch – anfangs weniger bezahlen und eine höhere Schlussrate vereinbaren. Will sich der Bauträger auf diesen Modus nicht einlassen, sollten Sie von ihm eine Bankbürgschaft fordern, aus der alle Verpflichtungen des Bauträgers garantiert werden.

Gewerke, Arbeiten und Installationen

Erdarbeiten

Erdarbeiten fallen bei jedem Hausbau an, insbesondere wenn ein Vollkeller geplant ist. Die oberste Schicht, die abgetragen wird, ist der Mutterboden. Er sieht im Vergleich zum Aushub anderer Bodenschichten meist viel dunkelfarbiger aus. Während der Mutterboden vor allem für die Anlegung der Außenanlagen später wieder benötigt wird, findet das übrige Erdreich nur noch als Füllmasse eine weitere Verwendung, weshalb Muttererde und Füllboden auf dem Grundstück getrennt gelagert werden müssen.

Wenn im Leistungsverzeichnis von Bauträgern nicht ausdrücklich vereinbart steht, dass die Erde auf dem Grundstück verbleiben muss, kann dies zur negativen Folge haben, dass einzelne Bauträger fuderweise Mutterboden verscherbeln, den die Bauherren bei der Erstellung der Außenanlagen später wieder teuer zukaufen müssen. Bauträger versuchen zuweilen auch, für unvorhergesehene Schwierigkeiten beim Bodenaushub (Felsen, schwer lösbarer Boden, Grundwasser) Mehrkosten geltend zu machen. Ob solche Forderungen gerechtfertigt sind, muss im Einzelfall geprüft werden.

***FALLSTRICK:* Bauträger veräußern manchmal auf eigene Rechnung den abgetragenen Mutterboden, und/oder machen für Schwierigkeiten beim Bodenaushub Mehrkosten geltend.**

■ Vereinbaren Sie mit dem Bauträger oder Unternehmer, dass der gesamte Mutterboden auf Ihrem Grundstück verbleibt, und achten Sie darauf, dass wirklich nur überschüssige Erde abgefahren wird. Legen Sie bereits beim Vertragsabschluss im Leistungsverzeichnis alternative Preise fest, wenn bei den Erdarbeiten unerwartete Schwierigkeiten auftreten können, die Mehrkosten verursachen.

Teilkeller

Früher wurden Häuser notwendigerweise mit Keller gebaut, um kühle Räume für die Einlagerung von Vorräten zu haben. Heutzutage werden Keller in erster Linie für die Unterbringung von elektrischen Geräten (Waschmaschine, Trockner, Kühltruhe) oder für die Einrichtung von Gästezimmern, Hobbywerkstätten oder von Saunas und Fitnessräumen verwendet. Die Frage, ob ein Haus mit Keller gebaut werden soll – wenn der Untergrund es zulässt – entscheidet bei vielen Bauherren der Geldbeutel. Ein Vollkeller macht immerhin einen nicht unbeachtlichen Anteil an den Gesamtkosten aus. Aus diesem Grund entscheiden sich viele Bauherren für den günstigeren Teilkeller, wenngleich Bauunternehmen aus statischen Gründen lieber einen Voll- als einen Teilkeller errichten.

Alle Keller müssen gegen Grund- und Schichtenwasser sorgfältig isoliert sein, weil nichts ärgerlicher ist als ein undichter Keller, der bei starken Regenfällen regelmäßig unter Wasser steht. Die Abdichtung der Außenwände erfolgt mit einem teerähnlichen Isolieranstrich, der beim Verfüllen der Kellergrube nicht beschädigt werden darf, was trotzdem hin und wieder vorkommt.

Undicht gewordene Teilkeller sind besonders schwer zu sanieren, weil die Außenwände, die unter der Bodenplatte verschwinden, nicht mehr freigelegt werden können, um die Isolierung zu erneuern. Dann hilft nur noch ein Isolieranstrich von innen, verbunden mit der Einschränkung, dass kein Nagel mehr in die Wand geschlagen darf, weil dadurch die Isolierschicht beschädigt würde.

***FALLSTRICK:* Bei einem Teilkeller ist eine nachträgliche Isolierung der Außenwände, die unter der Bodenplatte verschwinden, nicht mehr möglich.**

■ Wenn Sie unbedingt einen Teilkeller errichten wollen, sollten Sie neben dem Isolieranstrich der Außenwände vorsichtshalber noch weitere Vorkehrungen (Dränage, Schutz- und Isoliermatten, Filtersteine) treffen, damit keine Undichtigkeiten auftreten können.

Rückstausicherung

Kellergeschosse sind durch Bodenabläufe über die Hausanschlussleitung mit der Schmutzwasserkanalisation verbunden. Sobald im Hauptkanal ein Rückstau auftritt, kann Schmutzwasser über die Hausanschlussleitung durch die Bodenabläufe in den Keller eindringen und Schäden an Installationen und Einrichtungen verursachen, die weder von der Hausratversicherung noch vom Betreiber der Kanalisation ersetzt werden. Sollte eine Nachfrage beim Betreiber der Kanalisation ergeben, dass bei Ihrem Hausgrundstück die Gefahr eines Rückstaus aus der Kanalisation besteht, ist es nur ratsam, von vornherein geeignete Sicherungen einzuplanen und das Leistungsverzeichnis des Bauträgers nötigenfalls um diesen Punkt zu ergänzen. Hierbei ist darauf zu achten, dass eine Rückstausicherung ausgewählt wird, die für **fäkalhaltiges** Abwasser geeignet ist. Andernfalls könnte es Ihnen passieren, dass der Bauträger von sich aus eine Rückstauklappe einbaut, die nur im Sauberwasserbereich funktioniert, ansonsten aber versagen kann, wenn sich im Abwasser vorhandene Feststoffe im Verschlussbereich ablagern. Dazu muss man wissen, dass Verschlusssysteme für Frischwasser viel preisgünstiger zu erwerben sind als Rückstausicherungen für fäkalhaltiges Abwasser. Mithin kann sogar der Fall eintreten, dass Sie keinen hinreichenden Schutz für Ihr Haus vor einem Rückstau aus der Kanalisation bekommen, selbst wenn das Leistungsverzeichnis den „Einbau einer Rückstauklappe" vorsieht.

***FALLSTRICK:* Rückstau aus der Schmutzwasserkanalisation kann umfangreiche Sachschäden in den Kellerräumen verursachen, wenn keine geeignete Rückstausicherung eingebaut ist.**

■ Verlangen Sie vom Bauträger den Einbau einer Rückstausicherung, die für fäkalhaltiges Abwasser geeignet ist, und nehmen Sie diese konkrete Forderung zusätzlich in das Leistungsverzeichnis zu Ihrem Bauvertrag auf.

Mauerwerk

Man sollte eigentlich annehmen, dass bei der Herstellung des Mauerwerks kein Pfusch am Bau entstehen kann, weil das Mauern ein handwerklicher Lehrberuf ist, der auf hiesigen Baustellen in der Regel von ausgebildeten Gesellen unter der Aufsicht eines Maurermeisters ausgeübt wird. Aber wer heutzutage in ein Neubaugebiet geht, wird erschrocken feststellen, dass viele Arbeiter von Baufirmen ausländische Kräfte sind, die entweder überhaupt keine Ausbildung haben oder nach den Anforderungen im Heimatland ihren Beruf erlernt haben. Darum braucht sich niemand wundern, wenn bei seinem Rohbau selbst die einfachsten Regeln der Baukunst missachtet werden:

Ein beispielhafter Verstoß liegt vor, wenn das Mauerwerk hergestellt wird, obwohl es draußen friert. Weitere augenscheinliche Fehler sind, wenn das Mauerwerk nicht durchgängig im Verbund ausgeführt wird, oder Hochlochsteine waagerecht eingesetzt werden, was – so unglaublich es klingen mag – schon passiert ist. Ferner, wenn die Zwischenwände keine regelmäßige Verzahnung mit den Außenwänden aufweisen oder wenn bei Reihen- oder Doppelhäusern die Haustrennwände nur einschalig hergestellt werden. Ganz zu schweigen von unzähligen schief und krumm gemauerten Wänden, die den meisten Bauherren ärgerlicherweise erst beim Tapezieren auffallen.

***FALLSTRICK:** Bei der Ausführung des Mauerwerks können gravierende Fehler begangen werden, die nach dem Verputzen nicht mehr sichtbar sind.*

■ Darum sollten Sie sich ihre Außen- und Innenwände schon während der Durchführung des Bauvorhabens öfter einmal genau ansehen und kontrollieren, ob das Mauerwerk fachgerecht ausgeführt worden ist. Falls dies nicht der Fall sein sollte, müssen Sie Ihre Bedenken dem Bauleiter sofort melden, damit nicht fehlerhaft weitergearbeitet wird und der Schaden begrenzt bleibt.

Verklinkerung

Viele Bauwillige verklinkern ihr Haus, damit die Außenwände später nicht mehr alle fünf bis zehn Jahre gestrichen werden müssen. Die Verwendung von Klinker ist allerdings teurer als eine Putzausführung. Aber der Klinker schützt das Bauwerk vor der Witterung und entscheidet mit über den Gesamteindruck des Hauses. Verklinkerte Wände haben den Vorteil, dass sie haltbarer als Putzwände sind und später allenfalls geringe Unterhaltungskosten verursachen. Da Klinker nach Qualität, Form und Farbgebung sehr unterschiedlich beschaffen sein können, ist die richtige Auswahl wichtig. Weil in Baubeschreibungen von Bauträgern meistens ein kalkulierter Höchstbetrag angegeben ist, bis zu dem Klinker gekauft werden dürfen, sollten Bauherren rechtzeitig abklären, ob sie dafür auch den Stein ihrer Wahl bekommen können. Leider merken viele Bauwillige zu spät, dass bei dem kalkulierten Preis nach dem Leistungsverzeichnis ihnen kaum eine Auswahl offen steht oder sie sogar auf bestimmte Marken oder Firmen (mit denen der Bauträger Rabatte vereinbart hat) festgelegt sind.

Weitere Reinfälle können bei der Verarbeitung des Klinkers auftreten. Aus Kostengründen oder Bequemlichkeit werden mitunter auch beschädigte Steine verwendet oder der Klinker an einzelnen Flächen unregelmäßig verarbeitet. Wenn angelernte Hilfskräfte am Werk sind, werden Klinker häufig sogar mit Speis oder Beton verschmutzt. Sobald im Regen verklinkert wird, kann es zu hellen Ausschlägen und Verfärbungen (so genannten „Ausblühungen") kommen.

***FALLSTRICK:* Klinkerwände beinhalten oft beschädigte Steine oder unregelmäßig verarbeitete Flächen. Mitunter kommt es zu „Ausblühungen", wenn der Klinker bei der Verarbeitung nass geworden ist.**

■ Darum müssen Sie bei der Bauausführung unbedingt darauf achten, dass der Klinker gleichmäßig und trocken verarbeitet wird, und gegebenenfalls darauf bestehen, dass Mängel sofort behoben werden.

Zimmerarbeiten

Die Lebensdauer eines Hauses hängt von der Haltbarkeit des Dachstuhls und somit auch mit von der Qualität und vom Zustand des beim Einbau verwendeten Holzes ab. Um den Bauherren vor der Verwendung von schlechtem Baumaterial zu schützen, muss das Holz für Zimmerarbeiten bestimmte Gütemerkmale nach DIN aufweisen. In den Leistungsverzeichnissen der Bauträger wird auf die Beachtung dieser (eigentlich selbstverständlichen) Qualitätsnorm häufig hingewiesen. Praktisch fehlt aber den meisten Bauherren die Sachkenntnis, um auf der Baustelle kontrollieren zu können, ob das im Dachstuhl verarbeitete Holz auch den Gütebedingungen der DIN tatsächlich entspricht.

Bei der Ausführung des Dachstuhls kann es vorkommen, dass Risse auftreten, wenn nasses Holz verwendet wird. Der Bau des Dachstuhls ist harte Knochenarbeit. Manchmal werden einzelne Sparren, die beim ersten Verlegen auf dem Mauerwerk nicht waagerecht aufliegen, aus Bequemlichkeit so belassen, worunter die gesamte Tragfähigkeit des Dachstuhls leidet. Unter Umständen werden auch notwendige Aussparungen für Fenster vergessen und der Spitzboden wird meistens nur mit einem Laufsteg zum Schornstein versehen. Dabei würde es sich bei den Zimmerarbeiten geradezu anbieten, den gesamten Boden mit Spundbrettern auszulegen, um ihn durch diese Maßnahme begeh- und nutzbar zu machen.

***FALLSTRICK:* Das Bauholz für Zimmerarbeiten kann minderwertig sein und Schädlingsbefall oder Holzpilz aufweisen. Manchmal fehlt auch die Imprägnierung mit Holzschutzmittel.**

■ Übertragen Sie die Qualitätsprüfung von Bauholz einem Fachmann. Wenn Sie selber Holzpilz oder Schädlingsbefall bemerken, sprechen Sie den Handwerker auf den Mangel an und verlangen Sie, dass nur einwandfreies Holz für Ihren Dachstuhl verwendet wird. Achten Sie außerdem darauf, dass das Holz imprägniert ist.

Dachbedeckung

Die Art des Daches und die Art der Dachbedeckung können sehr unterschiedlich sein. Das Flachdach ziehen wir hier nicht näher in Betracht, weil die Erfahrung gezeigt hat, dass bei dieser Dachform trotz der anders lautenden Werbung von Herstellern aus den verschiedensten Gründen immer wieder Dichtigkeitsprobleme auftreten. Und mit neuartigen Bedachungen, zum Beispiel Grasdächern, gibt es noch keine nennenswerten Erfahrungen, um auf einschlägige Probleme hinzuweisen.

Was die Auswahl von Dachsteinen anbelangt, favorisieren einige Bauträger teure Tonziegel, weil diese im Gegensatz zu preiswerteren Betonsteinen atmungsaktiv sind. Der eigentliche Aspekt ist wohl, dass sie für den teuren Ziegel beim Einkauf einen höheren Rabatt bekommen. Denn wenn Dach und Dachstuhl so ausgestaltet werden, dass eine ausreichende Lüftung vorhanden ist, reicht ein Betondachstein aus.

Viele Bauherren übersehen, dass außer den normalen Dachpfannen mit Angabe von Fabrikat und Farbe im Leistungsverzeichnis auch Lüftungspfannen, Kanten- und Trittsteine sowie ein kleines Ausstiegsfenster für den Schornsteinfeger enthalten sein müssen. Manchmal „vergessen" Bauträger solches Zubehör, weil sie damit verdienen können, wenn der Bauherr erst bei der Durchführung seines Bauvorhabens die Notwendigkeit dieser Installationen erkennt.

<u>FALLSTRICK:</u> In den Leistungsverzeichnissen mancher Bauträger sind Farbe und Fabrikat der Dachpfannen nicht mit enthalten und das Zubehör kann ebenfalls fehlen.

■ Bei der Dacheindeckung müssen Sie auf konkrete und vollständige Angaben im Leistungsverzeichnis achten. Wenn ein Betonstein ausreicht, sollten sie keinen teuren Tonziegel wählen. Denken Sie daran, einige Dachpfannen zurückzubehalten, um bei späteren Beschädigungen des Daches passenden Ersatz zu haben.

Estricharbeiten

Die Ausführung von Estricharbeiten wird in Zeitungsannoncen sehr häufig von so genannten „Estrichkolonnen" angeboten, die auch schon mal ohne Rechnung arbeiten. Hiervor sei gewarnt, weil Schwarzarbeit nach dem Gesetz strafbar ist und der Bauherr hinsichtlich der Verarbeitung und Haltbarkeit des Estrichs nur mündliche Versprechungen erhält, also im Schadensfall keine rechtlich durchsetzbaren Gewährleistungsansprüche hat.

Bei der Durchführung von Estricharbeiten sind einige Punkte zu beachten, damit kein Pfusch am Bau entsteht. Im Wohnungsbau müssen Estriche nach der Wärme- und Schallschutzverordnung auf einer Dämmschicht (schwimmender Estrich) verlegt werden. Damit hinterher die Möbel nicht wackeln, müssen Estriche ebenflächig hergestellt werden. Erforderlich ist eine Temperatur von mindestens +5 °C bei der Verarbeitung, weil sonst die Qualität der Estriche leidet. Von den Handwerkern wird manchmal vergessen, Gebäudetrennfugen im Estrich fortzuführen, sodass später Risse im Estrich und im Bodenbelag auftreten. Mit Folgeschäden muss ebenfalls gerechnet werden, wenn Estrichleger auf der Betondecke verlaufende Rohrleitungen und die Isolierung von Rohren durch Unachtsamkeit beschädigen und es später – meistens nach Ablauf der Gewährleistungsfrist – zu Durchrostungen und Wasserschäden kommt.

***FALLSTRICK:* Bei Estricharbeiten werden manchmal Gebäudetrennfugen nicht mit übernommen und häufig Rohrleitungen und deren Isolierung beschädigt.**

■ Sie sollten daher die Rohrleitungen und deren Isolierung auf Beschädigungen kontrollieren, bevor der Estrich verlegt wird. Merken Sie sich die Lage von Gebäudetrennfugen und weisen Sie die Handwerker darauf hin, wenn sich andeutet, dass die Trennfugen im Estrich nicht übernommen werden. Schützen Sie den Estrich nach der Fertigstellung eine Woche gegen Betreten.

Elektroinstallation

Obwohl die Elektroinstallation eines Hauses nur von Fachleuten vorgenommen werden sollte, führen viele Bauherren dieses Gewerk selber aus oder beauftragen Bekannte mit der Installation einzelner elektrischer Anlagen. Davon kann nur abgeraten werden, wenn man die möglichen Gefahren und Folgen bedenkt.

Das Hauptaugenmerk sollte auf die Planung der elektrischen Hausinstallation gerichtet sein, weil die Ausführung von Fachfirmen nur selten Anlass zur Beanstandung gibt. Gerade bei der Planung denken manche Bauherren nicht so weit voraus, dass es später einmal notwendig werden kann, entweder zusätzliche Anschlüsse zu verlegen oder bestehende Anschlüsse zu erweitern. Beispielsweise, wenn Kinder ihren eigenen Fernseh- oder Telefonanschluss haben möchten oder wenn pflegebedürftige Eltern mit ins Haus genommen werden.

Ein weiterer Fehler ist, zu glauben, dass die Leistungsverzeichnisse von Bauträgern in jedem Fall eine den allgemeinen Ansprüchen genügende Anzahl von Schaltern und Steckdosen beinhalten. Denn tatsächlich wird den Bauherren darin meist nur ein billiges, für ihre individuellen Belange (Mikrowelle, Computer, Videorecorder, Alarmanlage usw.) unvollständiges Standardprogramm angeboten.

***FALLSTRICK:* Die Planung der Elektroinstallation beschränkt sich meist nur auf den aktuellen Bedarf. Dazu kommt, dass die Angebote von Bauträgern in Baubeschreibungen oft nicht ausreichend sind.**

■ Sie sollten Ihre Elektroinstallation darum so planen, dass bei einer späteren Veränderung der Zweckbestimmung von Räumen eine mühelose Anpassung erfolgen kann. Lassen Sie für eventuelle Nachrüstungen gleich genügend Leerrohre mit einplanen und verlegen. Sollte Ihr Haus ein Bauträger erstellen, müssen Sie dessen Elektroprogramm aus der Leistungsbeschreibung Ihren Wünschen gemäß ändern, und sich außerdem vorbehalten, dass Sie Art und Lage der Schalter und Steckdosen selber bestimmen können.

Bodenbelagsarbeiten

Bodenbelagsarbeiten beziehen sich in der Regel auf das Verlegen von Fliesen und Teppichböden, weswegen vereinzelt vorkommende Ausführungen (Parkett) hier außer Betracht bleiben.

Für das Aufbringen von Bodenbelägen ist wichtig, dass der Estrich einwandfrei beschaffen ist, damit der Bodenbelag darauf haften kann. Ferner, dass unterschiedliche Bodenbeläge in angrenzenden Räumen so verlegt werden, dass der Übergang unter dem Türblatt erfolgt, damit beide Beläge nicht in einem der Zimmer gleichzeitig zu sehen sind. Solcher Pfusch kommt nicht nur bei Eigenleistungen vor, sondern kann manchmal auch von Fachleuten verursacht sein. Diese arbeiten gewöhnlich unter starkem Zeitdruck, was noch zu weiteren beanstandungsfähigen Mängeln in der Ausführung wie zum Beispiel unsauber gearbeiteten Aussparungen für Rohrdurchlässe und andere Einrichtungen führen kann.

In einigen Leistungsverzeichnissen von Bauträgern sind (aufgrund günstiger Rabattstaffeln) nur ein paar Fabrikate und Muster enthalten, die den Bauherren in der Auswahl einschränken. Oder es werden Quadratmeterpreise (Höchstbeträge) genannt, zu denen der Bauherr den Bodenbelag auswählen darf, was für ihn allemal vorteilhafter ist, solange diese Preise nicht aus zusammengefassten Material- und Lohnkosten bestehen, um die im genannten Mischpreis enthaltenen niedrigen Materialkosten zu kaschieren.

***FALLSTRICK:* Übergänge und Anschlüsse von Bodenbelägen können unsauber ausgestaltet sein und einige Bauträger legen die Fabrikate und Muster fest, für die sie beim Einkauf die höchsten Rabatte erzielen können.**

■ Wenn Sie Bodenbeläge selber verlegen, müssen Sie darauf achten, dass die Übergänge zu weiteren Zimmern mit einem anderen Belag unter dem Türblatt verlaufen. Mit Bauträgern sollten Sie auf jeden Fall vereinbaren, dass Sie die Bodenbeläge für Ihr Haus frei auswählen dürfen.

Fliesenarbeiten

Wenn Fliesenarbeiten fachgerecht ausgeführt werden sollen, ist es nur ratsam, damit einen gelernten Fliesenleger zu betrauen. Wer sich jedoch das Geld für einen Fachmann sparen will und seine Fliesen lieber in Eigenleistung verlegen möchte, dem wird zu Übungszwecken empfohlen, erst einmal anstelle im Bad oder der Küche im hintersten Kellerraum zu beginnen, damit die anfänglichen Verarbeitungsfehler später im Verborgenen bleiben.

Leider wissen viele Bauherren nicht, dass Fliesenlegen eine hohe Kunst ist, und dass selbst qualifizierte Maurer, die nebenbei schon öfter einmal als Fliesenleger gearbeitet haben, mit originellen Bädern und besonderen Verlegemustern meistens überfordert sind.

Fliesenarbeiten, die im Rahmen eines Bauträgervertrages ausgeführt werden, bieten keine Gewähr dafür, dass der vom Bauträger eingesetzte Handwerker für diese Aufgabe qualifiziert ist. Darum muss überall am Bau mit Pfusch gerechnet werden. Zum Beispiel, wenn die verwendeten Fliesen nicht dem ausgewählten Muster entsprechen oder die Fugenstärke zwischen Wand- und Bodenfliesen ungleichmäßig ist. Ferner, wenn die Wandfliesen nicht senkrecht und fluchtgerecht verlegt sind. Ebenfalls, wenn keine Anschlüsse zu anderen Einbauten wie Fenstern und sanitären Einrichtungen vorhanden sind, oder wenn die Dehnungsfuge fehlt. Fliesen im Außenbereich (Terrasse, Loggia) müssen außerdem frostbeständig sein, eine Bedingung, die nicht immer erfüllt ist.

***FALLSTRICK:* Fliesenarbeiten weisen oft zahlreiche Ausführungsmängel auf, die das optische Bild verfliester Flächen dauerhaft trüben.**

■ Bei den Fliesenarbeiten sollten Sie öfter auf der Baustelle sein und darauf Acht geben, dass die Arbeiten sauber ausgeführt werden. Sprechen Sie den Bauträger sofort darauf an, wenn der Fliesenleger nachlässig arbeitet. Versuchen Sie, für Fliesenarbeiten eine fünfjährige Gewährleistungsfrist zu vereinbaren.

Sanitärinstallation

Die Sanitärinstallation betrifft das Verlegen der Rohrleitungen, womit nur ein Fachmann beauftragt werden sollte, weil spätere Reparaturen (in einem fertig gestellten und eingerichteten Haus) in der Regel sehr kostenaufwändig sind und viel Schmutz und Ärger verursachen. Der einfacher zu bewerkstelligende Anschluss einzelner Sanitärobjekte an Abflussleitungen, die von Handwerkern verlegt worden sind, kann ebenfalls negative Folgen haben. Denn es hat Fälle gegeben, wo der Handwerker die auftretende Undichtigkeit von Rohren mit ihrer Beschädigung durch die Eigenleistung begründet hat, um sich der eigenen Haftung zu entziehen.

Unsachgemäßes Verlegen von Rohrleitungen kann zu Geräuschbelästigungen im ganzen Haus führen. Denken Sie nur an die Fließgeräusche in älteren Mietshäusern, sobald jemand eine Toilettenspülung betätigt. Oder es treten Wärmeverluste auf, weil Warmwasserleitungen nicht überall isoliert sind. Im Bereich von Wanddurchlässen knackt es infolgedessen oft, da die Ausdehnung der Rohre nicht gewährleistet ist. Beim Material werden manchmal auch Kupferleitungen (ausländische Fabrikate) von erheblich schlechterer Qualität verwendet.

***FALLSTRICK:* Bei der Montage von Kalt- und Warmwasserleitungen kann es vorkommen, dass an der Geräuschisolierung und der Wärmedämmung gespart wird.**

■ Da bei einer ordnungsgemäßen Installation von Rohrleitungen keine starken Fließgeräusche in der Wand auftreten dürfen, können Sie am Bau überprüfen, ob die Schallisolierungen ordnungsgemäß durchgeführt wurden. Bei Meinungsverschiedenheiten mit einem Bauträger oder Handwerker sollten Sie sicherheitshalber einen Fachmann hinzuziehen. Ob die Warmwasserleitungen richtig isoliert wurden, müssen Sie kontrollieren, bevor die Leitungen unter dem Estrich oder Putz verschwunden sind.

Sanitäreinrichtung

Für die Sanitäreinrichtung eines Hauses kann schnell viel Geld ausgegeben werden. Anhand der verschiedenen Fabrikate, Modelle und Preislisten kann sich jeder unmittelbar einen Überblick über das Angebot an sanitären Objekten wie Badewanne, Waschbecken, WC, Spiegel, Ablage und Handtuchhalter verschaffen. Tatsache ist, dass im Fachhandel aufgrund der vorhandenen Auswahl allein die Preisspanne bei Badewannen, selbst ohne besondere Ausstattungswünsche (Whirlpool) zu Grunde zu legen, mehrere Tausend Mark beträgt.

Bauherren übersehen leider oft, dass die meisten Bauträger in ihren Leistungsverzeichnissen nur Standardausstattungen – Sanitärobjekte zu einem niedrigen Einkaufspreis – anbieten, und sie ihre eigenen Wünsche (zum Beispiel andere Fabrikate oder farbige Waschbecken) mit einem Aufpreis bezahlen müssen.

Besonders kritisch ist die Endmontage aller Sanitärobjekte mit den Anschlussarbeiten. Hierbei werden oft Fliesen angeschlagen oder Sanitärobjekte leicht verkratzt und der Bauherr auf die Beschädigungen nicht hingewiesen. Übersieht dieser zum Beispiel einen kleinen Kratzer im Dusch- oder Waschbecken und macht diesen Mangel bei der Abnahme nicht geltend, wird der Bauträger darauf verweisen, dass der Bauherr den Schaden nach der Abnahme selber verursacht hat.

***FALLSTRICK:* An Sanitärobjekten bieten Bauträger häufig nur preiswerteste Ausstattungen an und bei der Endmontage kommt es oft zu kleinen Beschädigungen.**

■ Vereinbaren Sie mit dem Bauträger, dass Sie die Sanitärobjekte frei auswählen können. Um späteren Ärger zu vermeiden, achten Sie am besten selber mit darauf, dass die Sanitärobjekte bei der Endmontage mit Decken, Pappe etc. vor Beschädigungen geschützt werden und führen Sie vor der Abnahme eine genaue Sichtkontrolle durch.

Heizenergieträger

Eine weit reichende Entscheidung beim Hausbau ist die Auswahl der Heizung in Bezug auf den jeweiligen Energieträger, gemeint sind Öl, Gas, Strom und alternative Energien, wie die Solar- und Windenergie, aus wirtschaftlicher und ökologischer Sicht. Aus wirtschaftlicher Sicht, weil Planungsfehler in diesem Bereich über einen langen Zeitraum, die durchschnittliche Lebensdauer einer Heizung beträgt immerhin 20 bis 30 Jahre, hohe Folgekosten verursachen und aus ökologischer Sicht, weil Kohle, Öl und Gas nur endlich vorhanden sind und deswegen gerade zu Heizzwecken nicht nur sparsam verbraucht, sondern wegen der von ihnen ausgehenden Emissionen auch möglichst umweltschonend eingesetzt werden sollten.

Bauherren, die sich für eine Nachtstromspeicherheizung entscheiden, denken beispielsweise nicht daran, dass für die Erzeugung von Strom das Dreifache an Primärenergie aufgewendet werden muss und Strom nur in Verbindung mit dem Einsatz von Wärmepumpen als Heizenergieträger empfohlen werden kann. Wer eine Ölheizung plant, übersieht zuweilen, dass die Anlage aufgrund der Aufwendungen für die Ölbevorratung in der Anschaffung und Unterhaltung teurer ist als eine Gasheizung. Die Kostenfrage dürfte sich ebenfalls bei allen Techniken mit anderen alternativen Energien stellen, die im Vergleich zu marktüblichen Strom-, Öl- und Gasheizungen höhere Investitionen erfordern.

***FALLSTRICK:* Eine Entscheidung für den falschen Heizenergieträger kann zu langfristigen Folgekosten führen.**

■ Erkundigen Sie sich, falls möglich, nach einer Gaszentralheizung. Erdgas ist ungiftig, nahezu schwefelfrei und verbrennt sauber. Eine Gasheizung benötigt wenig Raum, weil die Bevorratung entfällt, weshalb auch keine Kosten für die Vorfinanzierung der Energie, wie bei der Ölheizung, entstehen.

Raumthermostat

Die automatische Regelung der Heizung ist für die Energieeinsparung ein wesentlicher Faktor. Grundsätzlich bestehen hierzu zwei Möglichkeiten: über ein Raumthermostat oder durch eine Außentemperatursteuerung. Das Raumthermostat ist in einem Innenraum des Hauses installiert und der Betrieb der Heizungsanlage wird durch die Raumtemperatur bestimmt. Bei der Außentemperatursteuerung ist ein Fühler außen am Haus angebracht und die Wärmeleistung der Anlage richtet sich nach der vorherrschenden Außentemperatur. Beide Systeme sind grundsätzlich identisch, nur die Messpunkte der Steuereinheit nicht. Aus wirtschaftlicher Sicht raten die meisten Experten zu einer Außentemperatursteuerung. Sie ist zwar in der Anschaffung teurer, aber im Vergleich der Heizkosten zum Raumthermostat um ca. 10% günstiger. Deshalb amortisiert sich die Investition in wenigen Jahren.

Die Standorte der Raumthermostate und Außenfühler werden zuweilen falsch bestimmt. Ein Raumthermostat darf nicht an Orten installiert werden, wo es von einer weiteren Energiequelle (zum Beispiel der Sonne) erwärmt werden kann, weil dann die Warmwassererzeugung für die übrigen Räume vorzeitig abschalten würde. Dieses Problem tritt ebenfalls auf, wenn ein Außenfühler an der witterungsmäßig milderen Südseite eines Hauses angebracht ist. Dass bei einer automatischen Regelung die Heizkörper mit Thermostatventilen ausgerüstet sind, um Räume auch nur zeitweise heizen zu können und um ein Überhitzen der nach Süden gelegenen Räume bei warmer Wintersonne zu vermeiden, ist selbstverständlich.

***FALLSTRICK:* Raumthermostate sind unwirtschaftlicher als Außensteuerungen und (beide) müssen am richtigen Ort installiert sein.**

■ Raumthermostate sollten generell in kühlen Räumen und Außenfühler an der Nordseite von Häusern angebracht werden, damit alle Räume jederzeit gut beheizt werden können.

Fußbodenheizung

Bei dem Bau einer Fußbodenheizung werden unterhalb des Estrichs Röhren verlegt, die vom Heizwasser durchflossen werden. Eine Fußbodenheizung gibt ihre Wärme ausschließlich in Form von Strahlung ab, die eine gleichmäßig aufsteigende Wärme erzeugt und für ein gutes Raumklima sorgt. Man bekommt keine kalten Füße mehr und die Wärmeabstrahlung des Bodens ruft bei vielen Menschen ein wohliges Gefühl hervor.

Der Nachteil der Fußbodenheizung besteht darin, dass sie in der Anschaffung um ca. 20% teurer ist und wegen der großen Wassermenge im Heizkreislauf nur sehr schwer reguliert werden kann. Ein schnelles Aufheizen von Räumen ist mit der Fußbodenheizung nicht möglich. Es kann mitunter mehrere Stunden dauern, bis die gewünschte Raumtemperatur erreicht ist. Andererseits werden die Räume noch eine Zeit lang geheizt, wenn es nicht mehr nötig ist.

Bei einer Fußbodenheizung treten Probleme auf, wenn einzelne Heizwasserröhren vor dem Verlegen des Estrichs beschädigt wurden. Oder wenn die Fußbodenheizung über einen Raumthermostat geregelt wird, der die Heizung bekanntlich erst abschaltet, wenn die gewünschte Lufttemperatur erreicht ist. Die Heizung läuft unterdessen auf Hochtouren, und die Wohnfläche wird, sobald der Thermostat den Vorgang unterbricht, schnell von der im Fußboden gespeicherten Wärme überhitzt.

<u>FALLSTRICK:</u> Eine Fußbodenheizung darf niemals mit einem Raumthermostat geregelt werden.

■ Überlegen Sie sich, ob Sie generell eine Fußbodenheizung haben wollen oder ob in einzelnen Räumen, die nur zeitweise genutzt und im Bedarfsfall schneller aufgeheizt werden müssen, ausschließlich oder zusätzlich Heizkörper eingebaut werden sollen. Achten Sie außerdem darauf, dass die Fußbodenheizung nur durch eine Außentemperatursteuerung geregelt wird.

Öltank

Ölheizungen erfordern einen Vorratsbehälter, der oft aus Gründen der Platzersparnis außen auf dem Grundstück eingegraben wird. Erdtanks sind aus haftungsrechtlicher Sicht besonders problematisch und je nach Ausführung in der Unterhaltung teuer, da ihre regelmäßige Überprüfung und Abnahme vorgeschrieben ist (in Niedersachsen durch den TÜV). Das bedeutet bei einwandigen Tanks, dass sie vorher leergepumpt werden müssen, während bei doppelwandigen Tanks, die mit einer Warnanlage ausgestattet sind, vor allem die Funktionsfähigkeit der Warnanlage geprüft wird.

Öltankbesitzer haften für die (meist erheblichen) Schäden, die durch austretendes Öl verursacht werden. Dasselbe gilt auch, wenn bei der Betankung Unfälle passieren. Die Haftung ist insofern noch verschärft, als es beim Schadenseintritt auf ein Verschulden des Öltankbesitzers nicht ankommt, weil die Haftungsvorschrift des Wasserhaushaltsgesetzes eine so genannte „Gefährdungshaftung" vorsieht, wobei die beschriebenen Risiken durch eine normale Privathaftpflichtversicherung nicht versichert sind.

Der Austausch und die Entsorgung von unterirdischen Tanks ist ein weiteres Problem, das sich beim Neubau zwar erst in weiter Ferne stellt, aber dennoch mit berücksichtigt werden muss, wenn es um die Frage geht, welche Heizungsanlage im Betrieb und in der Unterhaltung am wirtschaftlichsten ist.

***FALLSTRICK:* Öltanks, insbesondere Erdtanks, bergen ein erhöhtes Schadensrisiko, für das der Inhaber auch ohne eigenes Verschulden haftet (Gefährdungshaftung).**

■ Wie an anderer Stelle bereits ausgeführt, sollte sich jeder Bauherr den Einbau einer Ölheizung gut überlegen. Öltankbesitzern kann nur geraten werden, sich unbedingt gegen die damit verbundenen hohen Risiken durch den Abschluss einer speziellen Öltank-Haftpflichtversicherung abzusichern.

Malerarbeiten

Die Malerarbeiten zählen mit zu den Gewerken, die viele Bauwillige als Eigenleistung erbringen wollen. Neben dem Farbanstrich von Decken und Wänden fallen darunter auch die Tapezierarbeiten. Bei den Malerarbeiten sind einige Dinge zu beachten:

Manche Bauherren vergessen vor Beginn der Tapezierarbeiten den Putz zu kontrollieren, sodass einige Tapeten aufgrund von Unebenheiten, Rissen und Verschmutzungen durch Öle, Fette usw. schlecht haften und sich früher oder später wieder lösen. Auch andere wichtige Vorkehrungen, gemeint ist das Abdecken und Abkleben von Fußböden, Treppen und Fenstern, werden zuweilen vernachlässigt. So kann es vorkommen, dass nach Beendigung der Arbeiten intensive Reinigungsmaßnahmen vonnöten sind, um Kleister und Farbkleckse von Fliesen, Treppenstufen und Fensterscheiben wieder zu entfernen.

Soll der Bauträger die Malerarbeiten ausführen, werden auch versehentlich schon einmal keine Absprachen getroffen, sodass die im Leistungsverzeichnis enthaltene Standardausstattung zur Ausführung kommt, wenn der Bauherr für seine Wünsche, etwa nach einer anderen Tapete oder schöneren Farbgebung, später keinen Aufschlag auf den Festpreis zahlen will. Von den häufiger anzutreffenden Mängeln bei Malerarbeiten sind Blasen, Risse und Überlappungen von Tapeten an den Stoßstellen und Anschlüssen zu nennen.

***FALLSTRICK:* Anstricharbeiten können zu Verunreinigungen von Fußböden, Treppen und Fenstern führen. Und Tapeten können nach dem Tapezieren Verwerfungen oder Blasen aufweisen.**

■ Vor Beginn der Malerarbeiten sollten Sie den Untergrund von Decken und Wänden kontrollieren. Bei einem Bauträgervertrag müssen Sie Ihre Wünsche in das Leistungsverzeichnis mit aufnehmen. Nach Beendigung der Malerarbeiten gilt es, auf eine saubere Verarbeitung zu achten. Um Stoßstellen weniger zu sehen, sollten die Tapetenbahnen an der Decke mit dem Licht geklebt sein.

Haussicherheit

Die zunehmende Beschaffungskriminalität macht es erforderlich, Hauseigentum gegen Einbruch und Diebstahl zu sichern. Bei Durchsicht der Leistungsverzeichnisse vieler Bauträger ist festzustellen, dass dieser Aspekt – zum Festpreis – teilweise vernachlässigt wird, vermutlich weil Sicherheit zusätzliche Kosten verursacht.

Üblicherweise werden Haustüren entweder aus Holz oder Kunststoff und mit Sicherheitsschloss angeboten. Erst nach dem Einbau stellen viele Bauherren enttäuscht fest, dass ihre Haustür noch nicht einmal über einen stabilen Sicherheitsbeschlag verfügt und der Schließzylinder von so minderwertiger Qualität ist, dass er leicht aufgebohrt, abgedreht oder (die professionellste Methode) mit einem Spezialwerkzeug, das nicht schwer zu beschaffen ist, unauffällig geöffnet und unversehrt wieder abgeschlossen werden kann. Doppelflügelige Terrassentüren zum Festpreis sind gelegentlich so instabil, dass sie von Dieben ohne die Zuhilfenahme von Hammer und Brecheisen einfach aufgetreten werden können. Bei der Außenbeleuchtung des Hauses fehlen manchmal die Bewegungsmelder und Rolläden können oft nicht arretiert werden. Für die Nachrüstungen muss von den Bauherren schließlich viel mehr Geld aufgewendet werden, als wenn die Sicherheitsvorkehrungen im Zuge des Bauvorhabens vom Bauträger mit verwirklicht worden wären.

***FALLSTRICK:* Wenn bei der Haussicherheit gespart wird, sind oft kostenintensive Änderungen und Nachrüstungen erforderlich.**

■ Achten Sie bei der Prüfung von Leistungsverzeichnissen darauf, dass die Haussicherheit nach Ihren Vorstellungen und Wünschen berücksichtigt ist. Akzeptieren Sie keine Formulierungen wie zum Beispiel „Haustür aus Kunststoff mit Sicherheitsschloss“. Bestehen Sie wenigstens darauf, dass ein Markenzylinder (zum Beispiel von Keso) eingebaut wird, und die Haustür einen Sicherheitsbeschlag und eine Mehrfachverriegelung erhält.

Außenanlagen

Um Baukosten zu sparen, wollen viele Bauherren die Außenanlagen ihres Hauses in Eigenleistung erstellen. Allein die Gartengestaltung würde bei einem mittelgroßen Grundstück viele Tausend Mark extra verschlingen, wenn eine Fremdfirma oder ein Bauträger mit dieser Aufgabe betraut würde. Verglichen mit den Materialkosten bei der Eigenleistung, gilt diese Rechnung insbesondere auch für alle Pflasterarbeiten an Einstellplätzen und Zuwegungen. Da die meisten Bauwilligen sich selber zutrauen, Grenzzäune zu ziehen, Stellplätze und Zuwegungen zu pflastern sowie die Gartenanlage zu gestalten, bleibt vielen Bauträgern oft nichts weiter übrig, als diese Positionen auf Wunsch der Bauherren aus ihren Leistungsverzeichnissen zu streichen.

Mit der Anlegung des Gartens gibt es in der Praxis wenig Probleme. Das Verteilen des Mutterbodens und das Pflanzen von Büschen und Bäumen ist nicht besonders schwierig. Nur bei den Pflasterarbeiten zahlen viele Bauherren häufiger Lehrgeld. Terrassen, die bereits nach einem Jahr absacken und höckerige Zufahrten zu Garagen, bieten in vielen Neubaugebieten gutes Anschauungsmaterial zum Thema „mangelhafte Bauausführung bei Eigenleistungen".

***FALLSTRICK:* Bei unfachmännisch hergestellten Pflasterungen von Zufahrten, Einstellplätzen und Terrassen treten meist schon nach kurzer Zeit Absackungen auf.**

■ Darum müssen Sie bei der Ausführung von Pflasterarbeiten darauf achten, dass der Aufbau der Zuwege, Einstellplätze und Terrassen frostsicher ist. Außerdem ist es wichtig, dass die Packschicht nicht mit grobem Bauschutt, sondern aus verdichtungsfähigem Material hergestellt und abgerüttelt wird. Die oberste Schicht, worauf die Platten oder Steine gesetzt werden, sollte eigens aus Splitt bestehen, weil feinerer Sand von Ameisen weggetragen werden kann, was im Laufe der Zeit immer wieder Absackungen zur Folge haben würde.

Honorare, Versicherungen, Sonderbauten

Honorare für Beraterfirmen

Unerfahrene Bauherren sind auf Fremdberatung angewiesen, wenn sie (Lehr-)Geld sparen wollen. Da die meisten Bauwilligen über zu wenig Zeit verfügen, um sich in Büchern und Fachzeitschriften selber zu informieren, und stattdessen eine mündliche Beratung vorziehen, gibt es vor allem in den Großstädten zahlreiche Beratungsbüros, die wegen ihres Firmennamens oder des Auftretens von Mitarbeitern auf manchen Bauherrn gelegentlich auch den Eindruck erwecken, als gemeinnütziger Verein tätig zu sein.

Beraterfirmen lassen sich ihre Dienste – ohne die Qualität der Leistungen infrage stellen zu wollen – zuweilen mit Stundensätzen von über 200 DM honorieren.

Kommt – wie sooft – unterm Strich als Beratungsergebnis bei dem Bauvorhaben eine fünfstellige Ersparnis heraus, meinen viele Bauherren, das hohe Honorar sei gerechtfertigt und sie würden nachträglich sogar noch mehr Geld ausgeben, ohne daran zu denken, dass es den Berater kaum Mühe gekostet hat, auf die immer wiederkehrenden Fallstricke beim Hausbau hinzuweisen. Allein nach der Lektüre dieses Buches müsste ein Laie imstande sein, wertvolle Tipps zu geben, die eine Kostenersparnis bei Bauvorhaben bewirken können.

***FALLSTRICK:* Beratungsfirmen lassen sich ihre Dienstleistungen in aller Regel ordentlich vergüten, auch wenn ihr Auftreten gelegentlich den Eindruck erweckt, die Beratung erfolge gemeinnützig auf Vereinsbasis.**

■ Wer fremde Ratschläge nicht teuer einkaufen will, sollte sich zuerst anhand von Büchern und Fachzeitschriften selber informieren, dann mit Bekannten und Freunden, die vor ihm gebaut haben, sprechen und zuallerletzt erst die offen gebliebenen Fragen gegen Bezahlung klären.

Architektenhonorar

Verläuft die Suche nach einem vertrauenswürdigen Bauträger ergebnislos, gibt es noch die Alternative, einen Architekten mit der Planung und Betreuung des Bauvorhabens zu beauftragen. Architekten aus Ihrer Nähe können Sie bei den Architektenkammern der jeweiligen Länder erfragen. Viel praktischer ist es aber, in der Umgebung nach Häusern zu suchen, die den eigenen Vorstellungen entsprechen, und die Bauherren nach ihrem Architekten zu fragen.

Leistung und Honorar des Architekten werden sicherheitshalber schriftlich in einem Architektenvertrag vereinbart, wobei sich die Vergütung nach der HOAI (Honorarordnung für Architekten und Ingenieure) bestimmt. Das Honorar des Architekten bemisst sich nach der Höhe der (anrechenbaren) Baukosten und ist entsprechend dem Schwierigkeitsgrad der architektonischen Leistungen nach Honorarzonen gestaffelt. Bei einem durchschnittlichen Einfamilienhaus und anrechenbaren Baukosten von 350000 DM, müssen – grob geschätzt – rund 10% oder 35000 DM für den Architekten ausgegeben werden. Dazu kommen die Nebenkosten des Architekten für Fotokopien, Lichtpausen, Post und Telefon sowie die gesetzliche Mehrwertsteuer.

***FALLSTRICK:* Da die Bezahlung des Architekten von den Gesamtbaukosten abhängt, sind Fälle denkbar, dass der Architekt die Baukosten unsinnig in die Höhe treibt, anstatt sich um eine sparsame Bauweise zu bemühen.**

■ Um das Architektenhonorar von der Entwicklung der Baukosten unabhängig zu machen, sollten Sie mit Ihrem Architekten **nach** Vorlage seiner Kostenberechnung auf dieser Grundlage ein Pauschalhonorar vereinbaren. Damit Ihr Architekt obendrein motiviert ist, die veranschlagten Baukosten etwa durch die Erzielung günstiger Preise noch zu unterschreiten, empfiehlt sich weiterhin, ein zusätzliches (prozentuales) Erfolgshonorar auszusetzen, was – abweichend von der HOAI – rechtlich zulässig ist.

Fehlende Bauwesenversicherung

Die Bauwesenversicherung deckt Schadensfälle ab, die während der Bauzeit durch unvorhergesehene Beschädigungen und Zerstörungen entstehen. Beispielsweise wenn durch Sturm und Hagel Dächer abgedeckt oder Kellerräume von eindringendem Regenwasser überflutet werden. Oder wenn Randalierer mutwillig Fenster und Wände einschlagen beziehungsweise den Baukörper auf andere Weise beschädigen oder beschmutzen. Die Bauwesenversicherung tritt ferner ein, wenn Heizkörper, Elektroinstallationen und andere mit dem Gebäude fest verbundene Armaturen und Teile wieder ausgebaut und entwendet werden.
Der Abschluss einer Bauwesenversicherung ist überflüssig, wenn Sie einen kompletten Auftrag vergeben haben und mit der Überschreibung des Grundstücks die schlüsselfertige Übergabe des Hauses vereinbart wurde. Wenn während der Bauzeit am Gebäude etwas passieren sollte, was den Bau beschädigt oder zerstört, hat der Unternehmer den Schaden selber zu tragen, da er seine vertragliche Leistung weiterhin erbringen muss. Diese Rechtsfolge kann für den Bauherrn trotzdem nachteilig sein, wenn schon Geld geflossen ist, und der Bauträger durch den eingetretenen Schaden überfordert ist, weil er nicht versichert war.

Wenn Sie mehrere Firmen mit der Fertigstellung Ihres Hauses beauftragen oder den Bau in Eigenleistung errichten wollen, besteht in jedem Fall ein Versicherungsbedarf, um Risiken auszuschalten.

***FALLSTRICK:* Eine Zerstörung oder Beschädigung des Bauwerks während der Bauzeit geht grundsätzlich zulasten des Bauherrn.**

■ Am besten schützen Sie sich vor derartigen Gefahren durch den Abschluss einer Bauwesenversicherung. Im Falle eines Bauträgervertrages empfiehlt es sich, die Versicherungsproblematik in diesem vorher genau zu klären.

Fehlende Bauherrenhaftpflichtversicherung

Viele Bauherren nimmt die Errichtung eines Eigenheims nervlich dermaßen stark in Anspruch, dass sie infolge der immer wieder auftretenden Probleme im Zusammenhang mit der Bauausführung nicht mehr daran denken, für die Baustelle eine Bauherrenhaftpflichtversicherung abzuschließen. Eine Bauherrenhaftpflichtversicherung schützt den Bauherrn gegen die Inanspruchnahme von Dritten, die aus Schäden entstehen, die während der Bauphase als Folgen der gesetzlichen Haftpflicht vom Eigentümer des Baugrundstücks und des darauf zu errichtenden Gebäudes zu tragen sind.

Ein Baugrundstück weist monatelang zahlreiche Gefahrenstellen auf, die auch mit größter Sorgfalt durch den Bauherrn nicht so gesichert werden können, dass Unfälle ausgeschlossen sind.

Mitarbeiter der auf dem Bau beschäftigten Firmen sind gegen Berufsunfälle versichert, wenn der Inhaber Mitglied einer Berufsgenossenschaft ist. Ist das nicht der Fall, haftet der Bauherr. Er haftet ebenfalls, wenn auf der Baustelle spielende Kinder in ungesicherte Klärgruben, offene Kanalschächte usw. stürzen. Ferner, wenn Personen vor dem Grundstück hinfallen, weil auf dem Gehweg ungesichert Baumaterial lagert oder der Bürgersteig stark verschmutzt ist. Weitere Haftungsgründe sind vom Baugerüst fallende Steine, wodurch Passanten immer wieder sogar lebensgefährlich verletzt werden. Oder glitschige Treppen bei Besichtigungen des Rohbaus, die ein Besucher unversehens hinabstürzt.

<u>FALLSTRICK:</u> Viele Bauherren vergessen, eine Haftpflichtversicherung für die Baustelle abzuschließen, und sind häufig nach einem Schadensfall ruiniert.

■ Sobald Sie einen Bauplatz gekauft haben, sollten Sie spätestens bevor Sie mit den Bauarbeiten beginnen wollen, eine Bauherrenhaftpflichtversicherung abschließen. Zur eigenen Entlastung sollten Sie auch die beauftragten Baufirmen danach befragen, ob sie Mitglied einer Berufsgenossenschaft sind.

Niedrigenergiehaus

Wie der Name besagt, ist ein Niedrigenergiehaus ein Gebäude, das sehr wenig Heizenergie verbraucht, weil Heizung, Wärmedämmung und Lüftung so ausgelegt sind, dass der Heizenergiebedarf gegenüber durchschnittlichen Gebäuden wesentlich geringer ist. Die Einsparung von Energiekosten und der gute Wille, einen Beitrag zum Umweltschutz zu leisten, sind für viele Bauherren zwei gute Gründe, um sich mit diesem Haustyp näher zu befassen.

Ein Niedrigenergiehaus verursacht bauliche Mehrkosten für den weitergehenden Wärmeschutz, die entsprechende Lüftungstechnik und eine auf das Gebäude abgestimmte, besonders effiziente Heizungsanlage. Mitunter wird damit geworben, dass die Mehrkosten solcher Häuser durch die Energieeinsparung in einem kurzen Zeitraum kompensiert werden, was mir zweifelhaft erscheint. Es gibt (neutrale) Berechnungen in der einschlägigen Literatur, wonach sich die erhöhten Aufwendungen durch die jährlichen Einsparungen an Energiekosten erst nach sehr langen Zeiträumen (je nach Höhe der Mehrkosten zwischen dem 25. und dem 45. Jahr) amortisieren.

Weiterhin muss berücksichtigt werden, dass viele Baufirmen noch keine ausreichenden Erfahrungen mit Niedrigenergiehäusern haben und die dafür erforderliche Technik nicht kennen oder beherrschen. Aus diesem Grund soll in manchen Gebäuden im Winter schon die Toilettenspülung eingefroren sein.

***FALLSTRICK:* Niedrigenergiehäuser sind teurer als konventionelle Gebäude und die Mehrkosten werden in der Regel erst nach einem langen Zeitraum durch die Energieeinsparung kompensiert. Außerdem ist es noch schwer, qualifizierte Partner auf dem Gebiet zu finden.**

■ Betrachten Sie die Werbung kritisch und nehmen Sie selber eine Wirtschaftlichkeitsberechnung vor, wenn Sie Ihr Niedrigenergiehaus nicht nur aus ideellen Gründen bauen wollen, und fordern Sie von dem ausführenden Bauunternehmen vorher Referenzen an.

Grunderwerbsteuer

Seit dem 1.1.1997 wird der Immobilienerwerb mit 3,5% (vorher 2%) besteuert, sodass für ein 400000 DM teures Hausgrundstück jetzt Grunderwerbsteuern in Höhe von 14000 DM von dem Erwerber an das Finanzamt zu zahlen sind. Diese Steuerpflicht gilt auch, wenn Häuser zunächst von Bauträgern errichtet werden und die Grundstücke mit den Häusern nach der Fertigstellung der Bauvorhaben verkauft werden. Wer erst ein Grundstück kauft, um hinterher sein Haus zu bauen oder (von einem Bauträger) errichten zu lassen, braucht nur die Grunderwerbsteuer auf den Kaufpreis des Grundstückes zu entrichten, was bei dem oben genannten Beispiel zu einer Differenz und Ersparnis von über 10000 DM führt. Aus diesem Grund denken unaufgeklärte Bauherren daran, den Grunderwerb und die Gebäudeerrichtung in zwei Verträgen abzuwickeln, obwohl dies steuerlich belanglos ist, weil beide Verträge aus Sicht der Finanzverwaltung ein einheitliches Geschäft bilden.

***FALLSTRICK:* Wenn Grundstück und Haus zusammen von einem Bauträger erworben werden, ist die Grunderwerbsteuer auf den gesamten Kaufpreis zu zahlen.**

■ Damit für die Herstellungskosten Ihres Hauses keine Grunderwerbsteuern anfallen, müssen Sie zuerst das Baugrundstück erwerben und danach den Vertrag mit dem Bauträger abschließen, wobei davon abgeraten wird, das Grundstück auch vom Bauträger zu kaufen, weil das Finanzamt die beiden Verträge steuerlich als einheitliches Geschäft ansehen könnte. Besser ist, Sie schließen keinen Kaufvertrag ab, sondern einen Bauvertrag.

Auch bei dem Erwerb von Grundstücken können Sie Steuern sparen, wenn die Grundstückspreise noch niedrig sind, wie vor allem bei unerschlossenen Grundstücken, da Erschließungskosten den Grundstückspreis verteuern, mit der Folge, dass ebenfalls mehr Grunderwerbsteuern zu zahlen sind.

Beschäftigung von Schwarzarbeitern

Wer beim Hausbau keine oder nur geringfügige Eigenleistungen erbringen kann, muss wohl oder übel in den sauren Apfel beißen, und die veranschlagten Kosten in voller Höhe an einen Bauunternehmer oder einzelne Handwerker bezahlen. In der Gesamtrechnung fallen neben den Materialkosten insbesondere die Lohnkosten ins Gewicht, je nach Handwerker mittlerweile zwischen 50 und 100 DM pro Arbeitsstunde.

Abhilfe aus der „Lohnfalle" versprechen Schwarzarbeiter. Sie bieten ihre Arbeitskraft zum halben Preis an, weil sie vom Arbeitslohn keine Steuern und Versicherungsbeiträge abführen. Brutto gleich Netto lautet ihre Unternehmensphilosophie.

Ausländische Schwarzarbeiter sind noch billiger, etwa für 25% des hierzulande üblichen Durchschnittslohns anzuheuern, weil es sich für viele Ausländer infolge des Umtauschkurses in ihrem Heimatland lohnt, in Deutschland auch für weniger Geld zu arbeiten.

Schwarzarbeiter werden durch Mundpropaganda weiterempfohlen oder bieten sich in verschlüsselten Zeitungsannoncen an.

Von der Beschäftigung von Schwarzarbeitern ist generell abzuraten.

***FALLSTRICK:* Wer Schwarzarbeiter beschäftigt, macht sich strafbar wegen Anstiftung oder Beihilfe zur Steuerhinterziehung und zum Betrug zulasten der Sozialversicherungsträger. Gegenüber Schwarzarbeitern können zudem keine Ansprüche auf Vertragserfüllung oder Gewährleistung bei Wegbleiben oder Pfusch am Bau gestellt werden, weil mit ihnen getroffene Vereinbarungen nichtig sind.**

■ Ehrlich währt am längsten, eine Weisheit, die auch beim Hausbau gilt. Insbesondere in Zeiten hoher Arbeitslosigkeit muss jeder Bauherr, der Schwarzarbeiter beschäftigt, mit Anzeigen von benachteiligten Bauunternehmen rechnen. Außerdem wird das Finanzamt stutzen, wenn ein Haus innerhalb kürzester Zeit fertig gestellt worden ist und für die steuerliche Abschreibung vorwiegend nur Materialkosten nachgewiesen werden.

Innenausstattung

Ein spezielles Problem beim Hausbau ist die Planung der Innenausstattung. Schwierig unter anderem ist die Abstimmung von altem und neuem Mobiliar, das unter Berücksichtigung der Größe und des Zuschnitts der Wohnräume mit festen und vorbestimmten Ausstattungselementen wie farbigen Innentüren, Parkettfußboden, Fenstern usw. optimal und sicher kombiniert werden muss, wenn das Haus nicht generell neu eingerichtet werden soll, ein Umstand, der zumeist schon aus Kostengründen ausscheidet.

Etliche Bauherren vergessen, die Innenausstattung ihrer Häuser gründlich und so früh wie möglich zu planen, mit der Folge, dass die einzelnen Farb- und Ausstattungselemente, zum Beispiel der alte Wohnzimmerschrank und ein neuer Teppich, hinterher nicht miteinander harmonieren. Noch viel ärgerlicher ist, wenn beim Umzug festgestellt wird, dass zum Beispiel der vorhandene Schrank für das neue Schlafzimmer einige Zentimeter zu lang ist oder wenn die neue Einbauküche nicht genau passt. Dafür ursächlich sind gelegentlich Schrägen, die Lage von Fenstern und Türen und häufig auch nur Missverständnisse und kleine Irrtümer – wie Ablesefehler aus Bauzeichnungen. Ein Kamin ist, um ein weiteres Beispiel für fehlende Koordinierung zu nennen, in Kombination mit einer (schwer regulierbaren) Fußbodenheizung oft unpraktisch und unnütz.

***FALLSTRICK:* Die Innenausstattung verursacht zusätzliche Kosten, wenn sie nicht gründlich und so früh wie möglich geplant wird.**

■ Bedenken Sie beim Hausbau immer, dass Sie Ihr Heim auch gestalten wollen, wenn die Bauarbeiten abgeschlossen sind. Möbel müssen in die einzelnen Räume hineinpassen, weshalb es ratsam ist, Spiegel, Einbauschränke und -küchen erst zu bestellen, wenn die Räume verputzt oder gekachelt sind. Vorhandenes Mobiliar, das zur Innenausstattung des Hauses gehören soll, muss bei der Grundrissplanung mit berücksichtigt werden.

Grundstücksausnutzung

Aufgrund der in den vergangenen Jahren explodierten Bodenpreise sind Baugrundstücke von über 1000 m^2 Größe in besseren Lagen für Normalverdiener nahezu unerschwinglich geworden. Heutzutage müssen die meisten Bauherren notgedrungen insbesondere in neuen Baugebieten auf kleineren Parzellen ihr Einfamilienhaus errichten oder in bebauten Gegenden nach Nischen- oder Hinterliegergrundstücken suchen. Abzüglich der Grundfläche des Hauses bleibt von einem etwa 400 qm großen Baugrundstück dann nicht mehr allzu viel übrig, um nachträglich einen Wintergarten, ein Carport oder ein Gartenhaus zu errichten oder einen Teich anzulegen.

Viele Bauherren ärgern sich im Nachhinein, dass sie ihr Haus nicht näher zur Straße oder am Minimum bauordnungsrechtlicher Mindestabstände an einer Grundstücksgrenze errichtet haben. Ungenutzte Flächen zur Straßenseite hin erweisen sich deswegen oft als Verschwendung, weil sich vor dem Haus sowieso niemand aufhält und die längeren Zuwegungen zu Garage und Haustür einen überflüssigen Kostenfaktor darstellen. Insbesondere zur Straßenseite verschenkte Ressourcen fehlen dann oftmals im hinteren Grundstücksbereich für spätere Anbauten oder gartengestalterische Maßnahmen.

Die Abstände eines Hauses zu den Seitengrundstücken können wiederum dazu führen, dass eine Garage oder ein Carport hinterher nicht mehr errichtet werden dürfen, wenn bauordnungsrechtliche Vorschriften über die Grenzabstände von Gebäuden dem jeweiligen Vorhaben entgegenstehen.

***FALLSTRICK:* Eine mangelhafte Ausnutzung kleinerer Baugrundstücke kann unter Umständen spätere Anbauten und gartengestalterische Maßnahmen behindern.**

■ Insbesondere wenn Sie auf einem kleinen Grundstück bauen wollen, müssen Sie vorausschauend darauf Acht geben, dass die Lage Ihres Hauses alle Nutzungsmöglichkeiten des Grundstückes offen lässt.

Anhang

Bau-Checkliste

	Ja	Nein
1. Sind Sie bei dem Gedanken ans Bauen animiert, aufgeregt, von Gefühlen der Dringlichkeit und Freude erfüllt?	❑	❑
2. Ist Ihr Selbstbewusstsein so weit entwickelt, dass Sie glauben, alle Probleme beim Hausbau sicher meistern zu können?	❑	❑
3. Bleiben Sie ruhig und beherrscht, wenn es darum geht, wichtige und kostenträchtige Entscheidungen zu treffen?	❑	❑
4. Wollen Sie nach Kräften für den Erfolg Ihres Vorhabens eintreten?	❑	❑
5. Können Sie von einer sicheren Warte aus erfolgreich verhandeln?	❑	❑
6. Sind Ihnen die Nachteile großer Grundstücke bekannt?	❑	❑
7. Wissen Sie, dass Eckgrundstücke in der Regel teurer und aufwändiger sind?	❑	❑
8. Haben Sie die planungsrechtliche Situation überprüft, mit dem Ergebnis, dass sich Ihr Bauwunsch auf dem Grundstück auch verwirklichen lässt?	❑	❑

	Ja	Nein
9. Kennen Sie die planungsrechtliche Situation im Baugebiet – auch in Bezug auf die zulässige Bebauung der Nachbargrundstücke?	❑	❑
10. Grenzt ein Baugrundstück, für das Sie sich interessieren, an einen Kinderspielplatz oder läuft ein Wanderweg daran entlang?	❑	❑
11. Bleiben die Lagevorteile des Grundstücks für Sie längerfristig bestehen?	❑	❑
12. Ist das Grundstück erschlossen und fallen keine Anliegerkosten mehr an?	❑	❑
13. Haben Sie die Bodenverhältnisse des infrage kommenden Baugrundstücks geprüft?	❑	❑
14. Denken Sie daran, dass ein Grundstückskaufvertrag der notariellen Beurkundung bedarf?	❑	❑
15. Ist der Grundstücksmakler Mitglied in einem Berufsverband und seriös?	❑	❑
16. Beachten Sie auch, dass Maklerverträge durch konkludentes (schlüssiges) Handeln – und nicht nur schriftlich – geschlossen werden können?	❑	❑
17. Ist Ihnen bekannt, dass Makler für ihre Dienste Provisionen beanspruchen und häufig sogar schon an der Kontaktanbahnung verdienen wollen?	❑	❑
18. Sind Sie mit dem Verfahren und den Feinheiten bei Zwangsversteigerungen vertraut?	❑	❑
19. Haben Sie geprüft, ob der Grunderwerb an der Ausübung von Vorkaufsrechten scheitern könnte?	❑	❑

	Ja	Nein
20. Haben Sie durch Einsichtnahme ins Grundbuch Kenntnis über die Eigentumsverhältnisse und sonstigen Eintragungen erlangt?	❑	❑
21. Bekommen Sie im Falle einer beabsichtigten Grundstücksteilung von der Gemeinde die Teilungsgenehmigung?	❑	❑
22. Konnten Sie alle Einzelheiten des Grundstückskaufvertrages vor dem Notartermin klären?	❑	❑
23. Lassen Sie Ihr Grundstücksgeschäft durch eine Auflassungsvormerkung absichern?	❑	❑
24. Kennen Sie den amtlichen Bodenrichtwert für das zu erwerbende Baugrundstück?	❑	❑
25. Haben Sie die Grunderwerbsnebenkosten berücksichtigt?	❑	❑
26. Erfolgt der Grunderwerb von einem Kreditinstitut unabhängig von der Finanzierung des Bauvorhabens?	❑	❑
27. Wurde das Grundstück bereits vermessen und sind alle Grenzpunkte sichtbar vorhanden?	❑	❑
28. Haben Sie vor dem Grunderwerb geprüft, was wirtschaftlicher ist – Erbpacht oder Kauf?	❑	❑
29. Bedenken Sie bei Kreditverhandlungen das Eigeninteresse von Maklern, Banken und Sparkassen?	❑	❑
30. Arbeitet Ihr Finanzierungsberater anbieterneutral?	❑	❑
31. Wissen Sie, warum Finanzierungsvertreter gern Hausbesuche machen, und sind Sie auf ihre Überredungskünste vorbereitet?	❑	❑

	Ja	Nein
32. Sind die Konditionsangaben der Finanzierungsangebote vollständig?	❑	❑
33. Wissen Sie, dass Finanzierungen aus einer Hand teurer sein können, als wenn Sie für jeden Finanzierungsbaustein das günstigste von mehreren Angeboten auswählen?	❑	❑
34. Sind Sie sicher, dass Ihr Finanzierungsberater qualifiziert und ehrlich zu Ihnen ist?	❑	❑
35. Wurden die vorhandenen Eigenmittel in Ihrem Finanzierungsplan realistisch und vollständig eingesetzt?	❑	❑
36. Wurden sämtliche Baukosten für das Vorhaben ermittelt?	❑	❑
37. Beträgt der Eigenkapitalanteil ein Drittel der Bau- und Baunebenkosten?	❑	❑
38. Wissen Sie, dass computergestützte Baufinanzierungsprogramme vorwiegend anbieterorientierte Beratungshilfen sind?	❑	❑
39. Kennen Sie die steuerlichen Vorteile beim Hausbau aus zuverlässiger Quelle?	❑	❑
40. Haben Sie geprüft, ob Sie staatliche Fördermittel beanspruchen können?	❑	❑
41. Wären Sie aus Bankensicht ein kreditwürdiger Kunde?	❑	❑
42. Sind Sie auf das Einholen telefonischer Bankauskünfte so weit vorbereitet, dass Sie sich nicht stattdessen auf das erstbeste Beratungsgespräch einlassen?	❑	❑

	Ja	Nein
43. Gehen Sie voller Selbstvertrauen mit einer ausgefeilten Strategie in die Kreditverhandlungen?	❑	❑
44. Wissen Sie eigentlich, was eine „Gefährliche Finanzierung“ ist?	❑	❑
45. Ist der Zuteilungstermin von Bausparverträgen realistisch prognostiziert?	❑	❑
46. Kennen Sie den Widersinn einer Bausparsofortfinanzierung?	❑	❑
47. Wissen Sie, dass ein Darlehen gegen Kapitallebensversicherung meist nur bei einem hohen Dividendenzuwachs der Versicherung günstiger ist als ein Hypothekendarlehen?	❑	❑
48. Ist Ihnen bewusst, dass Zinsstundungs- und Tilgungsstreckungsdarlehen zusätzliche Kreditmittel sind, die später zusätzlich zurückgezahlt werden müssen?	❑	❑
49. Sind die geplanten Eigenleistungen am Bau realistisch geschätzt?	❑	❑
50. Haben Sie beim Kreditgeber nachgefragt, welche Nebenkosten im effektiven Jahreszins nicht mit enthalten sind?	❑	❑
51. Kennen Sie die Risiken variabler Zinssätze bei Baukrediten?	❑	❑
52. Haben Sie schon vom bestgehütesten Bankgeheimnis der Welt, den Kreditnebenkosten gehört?	❑	❑
53. Wissen Sie, dass ein Disagio bei der neuen Immobilienförderung keine Steuervorteile mehr bietet?	❑	❑

	Ja	Nein
54. Beschäftigt der Bauträger zahlreiche Mitarbeiter und führt er auch Gewerke selber aus?	❑	❑
55. Führen Sie die Verhandlungen mit dem Firmenchef oder einem Bevollmächtigten des Bauträgers, damit die erzielten Ergebnisse tatsächlich in den Vertrag einfließen?	❑	❑
56. Betrachten Sie die Referenzlisten von Bauträgern mit der gebotenen Skepsis?	❑	❑
57. Haben Sie anhand der Baubeschreibung geprüft, ob ein Festpreisangebot günstig ist?	❑	❑
58. Entspricht das Musterhaus in Größe und Ausstattung dem Grundtyp aus dem Katalog des Bauträgers?	❑	❑
59. Haben Sie Ihren Bauträgervertrag nach Verstößen gegen das AGB-Gesetz geprüft/prüfen lassen?	❑	❑
60. Gelten bei der gewählten Konstellation die Schutzvorschriften der Makler- und Bauträgerverordnung? so nicht bei Generalübernehmer	❑	❑
61. Sieht der Bauvertrag eine fünfjährige Gewährleistungsfrist vor?	❑	❑
62. Haben Sie einen konkreten Fertigstellungstermin vereinbart?	❑	❑
63. Sieht der Bauvertrag eine „absolute" Festpreisgarantie vor? d.h. ohne Bedingungsklauseln	❑	❑
64. Akzeptiert der Bauträger eine Vertragstrafenregelung im Falle der Verletzung seiner Vertragspflichten?	❑	❑
65. Ist im Bauvertrag die Absicherung Ihrer Gewährleistungsansprüche vereinbart?	❑	❑

	Ja	Nein
66. Dürfen Sie die Baustelle nach dem Bauvertrag jederzeit betreten und Auskünfte von allen Handwerkern verlangen?	❑	❑
67. Ist die Abnahme der Bauleistungen erfolgt, und wurden alle festgestellten Mängel in einem Abnahmeprotokoll festgehalten?	❑	❑
68. Haben Sie das Leistungsverzeichnis auf Vollständigkeit überprüft?	❑	❑
69. Wissen Sie, dass nachträgliche Sonderwünsche besonders teuer werden können?	❑	❑
70. Sind Materialien, bei deren Einkauf Sie Händlerrabatte erzielen können, aus dem Leistungsverzeichnis herausgenommen worden?	❑	❑
71. Haben Sie sich eine ausreichende Bauüberwachung vertraglich zusichern lassen?	❑	❑
72. Sind Sie auf die sprichwörtliche „Unzuverlässigkeit von Handwerkern" vorbereitet?	❑	❑
73. Wollen Sie sicher nur diejenigen Eigenleistungen verrichten, zu denen Sie handwerklich befähigt sind?	❑	❑
74. Haben Sie sich gegen einen Bauträgerkonkurs vorsorglich abgesichert?	❑	❑
75. Verbleibt der Mutterboden auf dem Baugrundstück für die Anlegung der Außenanlagen?	❑	❑
76. Wissen Sie, dass ein Teilkeller bei eindringender Feuchtigkeit nicht mehr von außen saniert werden kann, wenn die Kellerwände unter der Fundamentplatte liegen?	❑	❑

	Ja	Nein
77. Ist die zum Einbau bestimmte Rückstausicherung für fäkalhaltiges Abwasser geeignet?	❑	❑
78. Wird das Mauerwerk fachgerecht ausgeführt?	❑	❑
79. Bekommen Sie zum Festpreis den Klinker Ihrer Wahl und werden die Steine gleichmäßig und trocken verarbeitet?	❑	❑
80. Haben Sie das Bauholz für die Zimmerarbeiten kritisch in Augenschein genommen und im Zweifel einer Qualitätsprüfung unterzogen?	❑	❑
81. Sind Farbe und Fabrikat der Dachpfannen festgelegt und enthält der Auftrag auch das nötige Zubehör?	❑	❑
82. Werden bei den Estricharbeiten die Gebäudetrennfugen berücksichtigt und fortgesetzt?	❑	❑
83. Ist die Elektroinstallation sorgfältig durchdacht und sind für Nachrüstungen Leerrohre vorgesehen?	❑	❑
84. Werden die Übergänge und Anschlüsse von Bodenbelägen sauber verlegt?	❑	❑
85. Werden die Fliesenarbeiten von einem Fachmann ausgeführt, der sein Handwerk versteht?	❑	❑
86. Werden die Rohrleitungen durchgängig isoliert?	❑	❑
87. Sind die Sanitärobjekte bei der Endmontage auch nicht beschädigt worden?	❑	❑
88. Kennen Sie den Unterschied zwischen Raumthermostaten und einer Außentemperatursteuerung?	❑	❑
89. Soll die Fußbodenheizung durch eine Außentemperatursteuerung geregelt werden?	❑	❑

	Ja	Nein
90. Haben Sie sich bei einer Ölheizung vor dem Austreten von Öl aus der Anlage geschützt und versichert?	❑	❑
91. Weisen Tapezierarbeiten Blasen, Risse oder Stoßstellen an den Überlappungen auf?	❑	❑
92. Haben Sie an die Haussicherheit gedacht, um spätere Nachrüstungen zu vermeiden?	❑	❑
93. Erfolgen die Pflasterarbeiten dergestalt, dass die Terrasse und die Zuwegungen die nächsten Jahre überdauern, ohne dass Absackungen entstehen?	❑	❑
94. Haben Sie sich selber erst anhand von Büchern oder bei Verbraucherzentralen erkundigt, bevor Sie die Hilfe teurer Beratungsfirmen in Anspruch nehmen?	❑	❑
95. Haben Sie mit Ihrem Architekten ein Pauschal- und ein Erfolgshonorar für die Einsparung von Baukosten vereinbart?	❑	❑
96. Haben Sie erforderlichenfalls eine Bauwesen- und eine Bauherrenhaftpflichtversicherung abgeschlossen?	❑	❑
97. Sind Sie über Niedrigenergiehäuser hinreichend informiert und haben Sie einen qualifizierten erfahrenen Baupartner?	❑	❑
98. Denken Sie daran, dass Sie Grunderwerbsteuern auch auf die Baukosten des Hauses entrichten müssen, wenn Grundstückskaufvertrag und – davon getrennt – der Bauvertrag mit ein- und demselben Bauträger geschlossen werden?	❑	❑
99. Lehnen Sie Schwarzarbeit ab, weil Sie wissen, dass sie strafbar ist und der Auftraggeber keine Gewährleistung hat?	❑	❑

	Ja	Nein
100. Haben Sie bei der Hausplanung die Innenausstattung mit berücksichtigt?	❑	❑

Bei allen Fragen, die Sie mit Nein beantwortet haben, sollten Sie sich noch einmal über die Risiken und Fallstricke informieren! Hierzu können Sie sich an entsprechende Experten wenden, Sie können aber auch dieses Buch nochmals zu Hilfe nehmen und die jeweiligen Teststellen in Ruhe ein zweites Mal lesen.

Erfolg im Beruf

Erfolgreich im Management
Von M. Peel – 224 S., kartoniert
ISBN: 3-8068-**7329**-1
Preis: DM 39,90

Erfolg im Management setzt ein ganzes Bündel von Kenntnissen und Fähigkeiten voraus: Planung, Organisation, Durchführung, Kontrolle. Wer sich im Management beweisen will, sollte daher zu dieser praxisbezogenen Einführung greifen.

Basiswissen für Führungskräfte
Von G. P. Rabey – 200 S., kartoniert
ISBN: 3-8068-**7330**-5
Preis: DM 39,90

Wer einen Karrieresprung geschafft hat, sieht sich vor eine Fülle neuer Aufgaben gestellt: Teamführung, effektive Arbeitsorganisation, Steigerung von Qualität und Produktivität. Wie Sie dabei den Überblick behalten und alle Klippen umschiffen, zeigt Ihnen ein Management-Profi.

Das souveräne Verhandlungsgespräch
Von J. Hodgson – 208 S., kartoniert
ISBN: 3-8068-**7362**-3
Preis: DM 39,90

Wie geht man erfolgreich mit schwierigen Kunden um? Wie setzt man sich in Meetings durch? Wie führt man „unerfreuliche" Gespräche mit Mitarbeitern? Dieser Business-Ratgeber verrät die besten Gesprächstaktiken für Ihren beruflichen Alltag.

Selbstständigkeit und freie Mitarbeit
Von T. Hammer, W. Kiefl – 144 S., kartoniert
ISBN: 3-8068-**1891**-6
Preis: DM 19,90

Berufliche Selbstständigkeit und freie Mitarbeit eröffnen für viele Menschen neue Chancen. Dieses Buch hilft, den Schritt in die Selbstständigkeit sorgfältig zu planen, die persönlichen Voraussetzungen zu prüfen und die Möglichkeiten der staatlichen Förderungen richtig auszunutzen.

Praxis-Handbuch Existenzgründung
Von W. Lippert – 304 S., kartoniert
ISBN: 3-8068-**7384**-4
Preis: DM 39,90

Dieser umfassende Ratgeber zeigt Ihnen, wie Sie ihr eigener Chef werden. Er bietet umfassenden Rat und praxisnahe Anleitungen und hilft, das Risiko zu kalkulieren, sinnvoll zu planen und die richtigen Entscheidungen zu treffen.

Erfolgreiche Existenzgründung
Von N. Rentropp – 192 S., kartoniert
ISBN: 3-635-**60285**-X
Preis: DM 19,90

Ein Unternehmen zu gründen ist einfach. Dadurch die eigene Existenz zu sichern, schon schwieriger. Damit die eigene Geschäftsidee tragfähig wird, muss vieles berücksicht werden. Dieser praxisbezogene Ratgeber begleitet jeden Existenzgründer durch alle Phasen.

Stand der Preise: 1.2.1999. Änderungen vorbehalten

Mensch und Gesundheit

Die neue Rückenschule
Von K. Haak – 64 S., kartoniert
ISBN: 3-8068-**2146**-1
Preis: DM 16,90

Die Zahl der Menschen, die von Rückenschmerzen betroffen sind, ist sehr groß. Die „neue Rückenschule" bietet Ihnen ein ganzheitliches Konzept, mit dem Sie Rückenschmerzen wirkungsvoll begegnen und die verschiedenen Ursachen bekämpfen können.

Rheuma
Von Prof. Dr. med. K. Gräfenstein – 128 S., kartoniert
ISBN: 3-8068-**2000**-7
Preis: DM 19,90

Aktiv gegen die Erkrankung angehen anstatt zu resignieren ist die Devise. Dieser Ratgeber enthält eine Vielzahl von Anregungen zur Selbsthilfe mit erprobten rheumagymnastischen Übungen und Hilfsmitteln.

Traditionelle Chinesische Medizin
Von D. Accolla, P. Yates – 368 S., gebunden
ISBN: 3-8068-**7381**-X
Preis: DM 49,90

Harmonie, Ganzheit und Gleichgewicht sind die Schlüsselbegriffe der Traditionellen Chinesischen Medizin. Dieser Ratgeber informiert Sie umfassend über das Verständnis von Krankheiten aus fernöstlicher Sicht, Mittel und Wege, Krankheiten zu vermeiden und die Möglichkeiten der Selbstbehandlung.

Heilen und vorbeugen mit Wein
Von Dr. med. F.-A. Graf v. Ingelheim, I. Swoboda – 96 S., kartoniert
ISBN: 3-635-**60311**-2
Preis: DM 14,90

Im Wein ist Gesundheit! Das wussten schon die alten Griechen. Auch Wissenschaftler haben die lebensverlängernde und vorbeugende Wirkung des Rebensaftes bewiesen. Dieser Ratgeber fasst die Anwendungen und Wirkungen der wohlschmeckenden Medizin zusammen.

Autogenes Training
Von R. Faller – 110 S., kartoniert
ISBN: 3-635-**60009**-1
Preis: DM 9,90

Durch autogenes Training haben bereits Millionen Menschen zu mehr Lebensfreude und Selbstsicherheit gefunden. Die Übungen in diesem Buch führen stufenweise zur positiven Beeinflussung der seelischen Haltung und zu völliger Entspannung.

Die sanfte Art des Heilens – Homöopathie
Von H. Ginglas – 120 S., kartoniert
ISBN: 3-635-**60206**-X
Preis: DM 14,90

Auf der Suche nach alternativen Heilmethoden findet die Homöopathie immer größeren Zuspruch. In diesem Ratgeber erfahren Sie, bei welchen Beschwerden die Homöopathie helfen kann und wann Sie sie auch selbst anwenden können.

FALKEN Taschenbuch

FALKEN

Köstlich kochen

Johann Lafers Kochschule
Von J. Lafer – 416 S., über 860 Farbfotos, gebunden
ISBN: 3-8068-**7372**-0
Preis: DM 69,90

Kochen lernen mit dem Profi. Diese Kochschule zeigt Ihnen, wo's in der Küche langgeht. Für Sie gibt der 2-Sterne-Koch hier sein Wissen gebündelt weiter und lässt sich gerne über die Schulter schauen.

Italienische Küche
Von M. Kaltenbach – 224 S., gebunden mit Schutzumschlag
ISBN: 3-8068-**4830**-0
Preis: DM 49,90

Entdecken Sie die kulinarische Vielfalt der Feinschmeckerregionen von Piemont bis Sizilien. Dieses Kochbuch verbindet Rezepte und Weinempfehlungen mit Wissenswertem zu Land und Leuten.

Amerikanische Küche
Von C. Stevenson, P. Niebergall – 128 S., gebunden mit Schutzumschlag
ISBN: 3-8068-**7308**-9
Preis: DM 39,90

So facettenreich wie das Land, so vielfältig ist auch die Küche. In diesem Kochbuch werden die einzelnen Regionalküchen der USA und deren Gerichte vorgestellt und alle Rezepte ausführlich beschrieben.

Die Küche Mallorcas
Von S. Kirsch – 96 S., kartoniert
ISBN: 3-8068-**2195**-X
Preis: DM 16,90

Die Insel Mallorca ist nicht nur ein beliebtes Ferienziel, sondern hat auch ihren besonderen kulinarischen Reiz. In diesem Band warten über 60 Originalrezepte darauf, ausprobiert zu werden.

Gewürzlexikon
Von U. Bültjer – 312 S., gebunden
ISBN: 3-8068-**4980**-3
Preis: DM 46,–

Eine unendlich große Auswahl an Würzzutaten aus der ganzen Welt steht uns heute zur Verfügung. Dieses Buch soll Sie mit dieser Vielzahl vertraut und sicher in der Anwendung machen.

Raclette
Von S. Kieslich – 64 S., kartoniert
ISBN: 3-8068-**1964**-5
Preis: DM 9,90

Wer gerne Freunde zum Essen einlädt, sich vorher aber nicht stundenlang um die Vorbereitung kümmern möchte, für den ist ein Raclette einfach ideal. Dieses Buch präsentiert Ihnen über 50 Rezepte für jeden Geschmack und ein Extrakapitel für köstliche Beilagen.

FALKEN

Stand der Preise: 1.2.1999. Änderungen vorbehalten